姫婚ノススメ
～ママより幸せな結婚をする方法～

田中みっち

ポエムピース

まえがき

幸せな結婚をしたいすべての女性へのメッセージ

「たった一人の人と結ばれて幸せな結婚がしたい」

「いつまでもラブラブカップルでいられるにはどうしたらいいか？」と悩んでいませんか？


私は二〇〇四年より、カウンセラーセラピストとして活動をし、約七〇〇〇件以上のカウンセリング経験を積ませていただきました。その主たるものが夫婦関係・恋愛関係の悩みです。もちろん、私が「得意とする」ということもあるのですが、人は皆この「人間同士の部分」で一番深い関わり合いを作ることに難しさを感じているのです。私もそうでした。

では、なぜ私が得意になったかというと、同じように悩んで、苦しんで、超えてきたからなのです。

離婚、不倫、浮気と恋愛・結婚がうまくいかず悩んでいた以前の私は、「いつまでも仲良しで、歳を重ねても新鮮でいられる夫婦関係」をずっと求め続けていました。しかし、現実では男性に対する不信感、裏切られることに対する怖れ、嫌悪感などのたくさん絡み合いがあり、それでも愛されたかった、愛したかったのです。男性への相反する二つの気持ちに引き裂かれそうになりながらも、心理の世界と関わるようになり、そのうまくいかない根っこにあるものに少しずつ気付き、解消してきました。

その根っこにあるものとは？　そして結婚への絶望を希望に変えるには？

その解決方法は？　――ということを紐解きながら、ハッピーな結婚であふれる世界を、皆さんと共に創りあげたいのです。すべての女性が愛し愛され幸せになる。女性の笑顔があふれると、男性も子どもたちもうれしい！　人生が豊かにハッピーになる！　そんな世界へすべての女性を誘《いざな》います。

田中みっち

姫婚ノススメ～ママより幸せな結婚をする方法～　目次

たとえばこんな大人へ……10

1　なぜ恋愛、結婚がうまくいかないの？……19

ママより幸せになる必要性……20
ママとのつながりを断つには？　母子癒着問題……25
親からの自立と性愛……31
結婚したら自由がなくなるって本当？……39

2　心とセックスの関係……45
誰もが抱き締めて欲しい……46
恋人、旦那さんを何とかしようとしない……52
性愛は生きる力……57
自分とつながる方法……66

3　あなたの中にある下女と姫マインド……71
両親の中にある下女マインドと幸せな結婚との関係……72
下女婚から姫婚へ……76
下女マインドができるまで……79
下女マインドを超えるには？……84
姫マインドで幸せに……94

4　幸せになるための自分軸の作り方……97

自分軸と他人軸……98

子宮メソッドの生かし方
〜女性器は自分の中のパワースポット。自分のいのちを大事にする〜……108

その1　自分に愛を……114

その2　女を極めるあり方……127

その3　自分に愛を相手に愛を。セックスでの方向性……132

5　あなたには幸せになる価値がある……137

幸せって何だろう……138

男も女も「成熟」がテーマ……143

本当の親孝行……151
自分の王国を創造する……156
あとがき……160

たとえばこんな大人へ

◆37歳　OL　さとこさんの場合

大学を卒業して、三回の転職をして、今は派遣社員として働いている。同級生の結婚ラッシュも落ち着いて、親の「そろそろ結婚したら？」という言葉にも、やっと慣れてきた。

結婚なんて適齢期になったら誰でもできると思っていたけれど、振り返ってみたら、私には恋人もいないし、出会いもない。ずっと彼がいなかったわけではないのだけど、言いたいことが言えずに、自分を押し殺してしまう性格が災いして、いつも長続きしない。そして、男性経験が私にはない。この年になって、男性経験がないということを誰にも話せずにいた。言い寄ってくる男性もいたけど、自分が処女であることを言えず、ロマンチックなデートを避けてしまう。そうしているうちに気付いたら、男性からの誘いがなくなってしまった。

家に帰れば、母が相変わらず、ご飯を作って待っていてくれる。父は定年退職後、のんびりと過ごしている。両親は二人で出かけることも、仲睦《むつ》まじい会話をすることもないけれど、取り立ててけんかをする様子もない。

「結婚なんてこんなものなんだろうなあ」

両親の姿を見ているとそう思う。

母は何かにつけて、父の愚痴を私に聞かせる。いつも同じ話をうんざりしつつ、付き合っている。休日になれば、母は、「百貨店へ連れて行け」だの「郊外のアウトレットへ連れて行け」だといろいろと言う。家事や育児で忙しい友人との付き合いも最近、遠のいているので、しぶしぶ母に付き合い、車を出している。

テレビで仕入れた芸能人のゴシップに母は詳しい。誰が不倫した、離婚したと騒いでは、自分が父との生活でいかに我慢をしてきたか、結婚がいかに大変かを話すのだ。そして、

「離婚はダメだ」

「不倫はダメだ」

「今の若い人たちは、辛抱が足りない」と批判を繰り返す。

私は、毎回同じ話にうんざりしながら、そういえば、物心ついたころから繰り返し聞いていたなと思う。

実家に暮らしていたら生活には困らない。母の愚痴はうっとおしいけど仕方ない。結

婚に夢も持てないけど、やっぱり世間体を考えたら、子どもの一人でも産んでおいた方がいいだろうと思う。

母の「孫の顔が早く見たい」というさりげないイヤミに応えられないのも胸が痛む。かといって、男の人に近づくのも怖いし、母の言うとおりに結婚してしまっても、男の人の言いなりになって、子どもに振り回されてしまいそうで、踏み出せない。現にたまに会う、既婚の友人たちからも、

「大変」

「退屈」

「遊びたい」

「仕事に戻りたい」

そんなことばかり聞く。

結婚は牢屋ではないか？

男とはとても扱いにくい生き物ではないか？

そんな気持ちが渦巻き、どんどん大きくなっていく。

結婚しなきゃ、子どもを産まなきゃ世間体が悪い。という気持ちと裏腹に、結婚という二文字を見ると、胸がぎゅーっと痛くなる。そして、私はまた途方にくれる。

ある日、会社の帰りに何気なく立ち寄った書店の新刊コーナーで、一冊の本が目にとまった。

【姫婚ノススメ〜ママより幸せな結婚をする方法】

ドキリとした。

え？　ママより幸せな結婚？？？

そのフレーズに、胸をえぐられたような気持になった。自分の内側で、何かがガラガラと音を立てて崩れた。そして、真っ暗な暗闇の中から、一筋の光が差し込んだ。

帰って、買った本をむさぼるように読み込んだ。何度も何度も読み込んだ。

あれから、数年の月日が流れた。

「あなたー、今日保育所のお迎えをお願いできる？

わあ、ありがとう。今日は食事の支度をしたくないんだけど、家族みんなでどこかにご飯食べに行かない？　じゃあ、一八時半に駅でね」

駅に着くと、「ママー」と駆けてくる娘の真奈。そしてその後ろには、長身の夫の姿、大好きな夫の笑顔。娘をたくましい腕で抱き上げた夫が、「ママ、お疲れさま」と声をかけてくれる。

結婚は、私に愛と自由を与えてくれた。

◆33才　8歳と5歳の子ども持ちのパート主婦　良子さんの場合

「宿題やったの？」

「もう、テレビばっかり観てないで、早くお風呂入って」

夕食の後片づけをしながら、子どもたちに声をかける。

洗濯物もたたまなきゃ、夫のYシャツもアイロンをかけなきゃと焦っているため、なかなか言うことを聞かない子どもたちに、つい声を荒げてしまう。

結婚して九年。夫とは大学卒業後、友人の紹介で付き合いが始まり、一年の交際期間を経て結婚した。大手企業に就職した彼、この人とだったら、安定した生活を送れると思った。真面目で優しく、穏やかな人だった。付き合っていた頃はそれなりにセックスも重ねてきたのだけど、良いとか悪いとか分からないし、こんなものと思っていた。そしていつも彼の要望に合わせていた。

結婚してすぐに子どもができた。彼は仕事が忙しくなる一方で、子育ては私一人に任された。実家の母にも、

「子どもを育てるのは、母親の仕事。ひとりで女が育てるもの」と教わっていた。

そんなものと納得していたし、それ以外の選択も思いつかなかった。

そのうちすぐに下の子どもができると、二人の子育てに追われ、子どもと一緒に寝る

ようになった。

　夫は帰宅後ひとりで食事をし、ひとりで寝ていた。そして、セックスもしなくなった。別段セックスがなくても気にならなかったし、疲れていたので誘われなくてラッキーと思っていた。

　そんな生活が気付いたら半年続いていた。上の子が小学生になって、少し気持ちにゆとりがでてきたので、私はパートタイマーの仕事に出るようになった。相変わらず夫は仕事が忙しく、休日は寝てばかりいた。子どもたちとはよく遊んでくれるが、夫婦の間には会話らしい会話がなくなっていった。

「こんな生活があと何十年も続くの？」

　そう思うとぞっとしたが、どうしたらいいのか分からなかったし、いまさら夫と向き合うのも怖くて、自分の気持ちにふたをしていた。

　そんな時、大学時代の友人から、

「今度テニス部の同窓会あるんだけど、来ない？」とメールが来た。

　夫も「行ってきたら？」と言ってくれたので、久々におしゃれをして街へ出かけるはずが、だんだん気分が沈んでいく。

　サイズの合わなくなった洋服、時代遅れのアクセサリー、化粧のりが悪い肌、鏡の中にはボサついた髪のさえないおばさんがいた。

気を取り直し、会場へ向かうと懐かしい面々。

バリバリ仕事をしているＯＬの友人、海外旅行が趣味の友人、恋人が何人もいる友人、早くに結婚した私には別世界だった。居心地が悪かった。ここへ来たことを後悔した。

「ごめんね。出がけに子どもがぐずって、遅刻しちゃった」

そこへ明るい声で輪に入ってきた女性がいた。

テニスでダブルスを組んだ親友の美代子だった。

美代子も卒業後ほどなく結婚し、出産していたので、お互い近況を報告し合う仲ではあったが、いつの間にか疎遠になっていた。

久しぶりに会った美代子は私と違い、いきいきとしていた。

「わあ、良子、久しぶり。元気にしていた？　子どもさん大きくなったでしょうね？ところで何だか顔色が悪いよ、体調でも悪いの？」と美代子に声をかけられる。

「平気平気、久しぶりに都会に来たので、ちょっと疲れちゃったかも。ところで、美代子は最近どう？」

「私？　うふふ、ありがとう。良子も結婚してるから分かると思うんだけど、結婚してよかったなあって、本当に毎日思うんだあ」

私はきっと怪訝《けげん》な顔をしていたと思う。気にせず、美代子は続ける。

「旦那とは毎日たくさんしゃべるし、家事もよく手伝ってくれるしね。実家も育児に協力的だから、しょっちゅう二人でデートしてるのよ。そりゃあ、けんかもするけどね。けんかしたら激しいよ。でも言いたいことはお互いに言い合って、仲直りして…また大好きになるの。年々、とても仲が良くなっていくわ」

ふと涙があふれた。

「え、どうしたの？　良子、ちょっと、あっちへ行って休もう」

美代子が慌てて会場の外に連れ出してくれた。

自分へのみじめさ、うまくいかないことへの腹立たしさ、美代子と違い結婚なんてよいと思ってない自分。

どんどんみすぼらしくなっていく自分。育児に追われ、夫とはほとんど会話しないこと。いろいろな気持ちがあふれた。

私の背中をなでながら、美代子は黙って聞いてくれた。

ひとしきり泣いて落ち着いた私に、美代子がそっと一冊の本を差し出してくれた。

【姫婚ノススメ〜ママより幸せな結婚をする方法〜】

「私の先生の本なんだけどね。今の良子にぴったりだと思うから、ぜひ読んでみてね」

姫婚？　幸せな結婚なんてあるの？

惨めさと共に、怖さを味わうような気分で本を眺めた。その後、数日が経って、やっと本を読み始めた。いつのまにか、必死で読みすすめていた。

数カ月後、美代子からのメール。

「今日はありがとう。本当にすてきなご主人じゃない。お会いできてうれしかったって伝えて。今度はうちがそちらへお邪魔させてね」

横にいる夫に伝える。

「美代子、あなたに会えたこと喜んでたわ。今度はうちに来たいってよ」

「おっ、それはいいね」

と言いながら、家までの帰り道、手をつなぐ。

「さて今日は子どもたちもいないし、二人で風呂でも入るか?」とにやにやしながら夫が言う。

私も笑いながら「洗ってくれる?」と答えてみた。

「もちろん。いろいろ洗ってあげるよ」手をぎゅっと握りしめながら夫がいった。

少しだけ、歩く速度があがった。

1 なぜ恋愛、結婚がうまくいかないの？

ママより幸せになる必要性

ママより幸せになってもいい。そんなことを突然言われても、首をかしげる方も多いでしょう。

「え？　ママも結構幸せそうでしたけど」なんて思われる方もいるでしょうし、「ママよりってどういうこと？」と意味が分からない人もいるのではないでしょうか？

ここで一つ、質問を投げかけてみますね。

「あなたのママは、幸せそうでしたか？」また「パパと愛し愛されていたと思いますか？」

もう一つ。

「あなたがママより幸せになるために生まれてきたのだとしたら、それはどんなものが手に入れれば、実現しますか？」

さて、私は、セラピストとして、12年の間に約七〇〇〇件以上の方のお話をお聞きしてきました。その内容の80パーセントが夫婦関係・恋愛関係のお悩みでした。

恋人が欲しいけれどできない。婚活をがんばっているのだけれど、全然うまくいかない。恋愛中に彼の気持ちが全く分からない。自分の気持ちが冷めてしまった。彼以外を好きになった。彼の浮気が発覚した。

夫婦の問題では、セックスレスの問題、離婚したいが子どもがいる、離婚してシングルマザーである。また、子どもの不登校の問題だったり、夫がお金を入れない人だったり、ギャンブルの問題、借金の問題。本当にいろいろなご相談が寄せられます。

いろいろなお話を聞いていると共通することが見えてきました。そのお話の根っこにあるのは、「幸せになることが怖い」という不思議な感覚なのです。

口ではみんな「幸せになりたい！」とおっしゃるのですが、実際には、幸せに向かうための行動に対しブレーキをかけてしまうということが多くあるのです。

その根っこにあるのが、実はご両親から引き継いだ価値観・観念、そして「関係性」であり、特にお母さんから引き継いだものが深く関わっています。

両親のようには絶対ならない！　と思っているのにそうなってしまったり、「分かっている」世界と「現実化した」世界との間にズレが生じる。これが、潜在意識の無意識のなせる技だったりします。

この本のタイトルでもある「**姫婚**ノススメ～ママより幸せな結婚をする方法～」というのは、実はとても奥が深い命題です。

父親と母親を大好きなままの子どもの自分が心の中に無意識に残っていて、小さい頃の成功体験を大人になってもひきずっている。それが現実世界に影響を与えている。そんなことがあるのです。

たとえば、母親のグチをいつも聞いて育ったのであれば「いつも、ありがとう。私を分かってくれるのは、あなただけ」なんて、母親にほめられていたとしたら…。母親に認めて欲しかったり、母親に愛される方法は、ママのグチを聞いてあげることになります。

これが、成功体験です。成長して、物ごとが分かるようになっても、ママのグチを聞くことが、しんどいのに、しんどいと言えずに、はいはいと黙って聞いている。

そんな状態の方が、まわりにいませんか？

母親のグチを聞いてあげるのは、本来、父親の役割かもしれない。父親でないなら、母親の友達かもしれない。その関係性を作ってこなかったことは、母親の責任なのです。「自分がママのグチを聞かなくなったら、ママを見捨ててしまうようで、とてもかわいそう」なんて心情を話される女性が、とてもとても多いのです。

これは、何が起こっているか？　というと、【ママの子どものままでいたい】【ママにほめられたい、認められたい、愛されたい】という子どものままの自分が浮き彫りになっているのです。

実は、この気持ちのままでは、すてきなパートナーシップを手にしがたい状態になります。

その自分の内側にある、「子どもでいたい自分」という気持ち・意識の部分としっかりと向き合って、そうしてその先の「たとえ、親に認めてもらえなくても、私は私を幸せにします」という、ある意味、宣言のような覚悟が必要となります。

この覚悟がないままだと、ともすれば、ママを超えることなく、ママよりもみじめで、苦しくて、辛い毎日を送ったまま、一生を終えてしまうことも、あるのです。

そして、もう一方で親を超えるということは、「大人になる」ということです。

親と子の関係性を一旦手放し、一人ひとりの人間としての人生を歩いて行くプロセスで必要なことがあり、親の価値観・観念を一旦否定するということが必要なのです。

自分が自分の責任で、人生における「幸せ」を手にしていく。

親の価値観ではなく、自分で創り上げた「価値観」で自分の世界を築いていく。

それが「両親を超え、ママを超え、本当の意味で成熟を果たす」ということになります。

〝ママを超える〟

これは、「幸せになる」ために絶対必要な条件なのです。

ママとのつながりを絶つには？　母子癒着《ゆちゃく》問題

みなさんは「母子癒着」という言葉を聞いたことありますか？

まずは、癒着についてお話をさせていただきますと、癒着とは、心理的な状態を指すのですが、相手と自分の気持ちが、どっちのものか分からなくなっている状態のことをいいます。

心の中の境界線がない状態で、相手の感情や状態をあたかも自分のせいだと思ってしまう…。そんな気持ちのことを指します。特に、母子間での感情癒着のことを母子癒着と呼びます。

人間の赤ちゃんは、保護者に面倒を見てもらわないと自分の命さえ、保つことのできない存在です。

人間はミルクをもらい、おむつを替えてもらい、そうして、抱っこしてもらい、話しかけてもらわないと成長しないという、とても手のかかる生き物です。主な養育者は母親なので、母親がいないと生きていけないという感覚を持つのが、赤ちゃんの心です。

そして、我が子は自分のおなかの中から産まれてきたのですから母親にとって、もともとは一心同体なので、自分と子どもが「別々の存在なんだ」ということを、子どもが大きくなるプロセスの中で知っていかなければなりません。

本来ならば、子どもが大きくなって行く段階で、反抗期があり、自我が芽生え、子どもも自身もひとりの人間としての人格があるんだと、手放して行くプロセスが必要になっていきます。

でも、その手放しがうまくいかないケースも往々《おうおう》にしてありますし、日本という国は、この手放しが「うまくいかない」パターンがとても多い国であると言われています。

この手放しがうまくいかないと、必要以上に、子どもの心と母親の心が「貼りついた」状態になります。

人間の子どもはゆっくり成長しますので、自分で衣食住の面倒が見られるようになるまで、かなり多くの時間が必要になります。

子ども側も、いのち・生活の面倒を見てもらわないといけないので、自立心が芽生えるプロセスと生活能力がないという問題との間で、葛藤を抱えることも少なくないのです。

そして葛藤を持ちつつも、癒着を手放すことができるといいのですが…。それが、うまくいかないと、さまざまな問題につながります。

たとえば、癒着で起こる問題として例を一つあげます。

こんなことは「普通のこと」として扱われることもあるかもしれませんが…。

子どものテストの点数が悪いと、母親がひどく傷ついてしまって、子どもの宿題を一生懸命母親がやってしまう…なんていうことが起こってくるのです。テストの点数が悪かったのは「子どもの問題」なんですけれど。

当の子どもがケロリとしていたりすると、かえって母親がいたたまれない気持ちになったり、自分と同じ気持ちにならない子どもをひどくなじったり…。

これが、癒着の心理です。

こうして人と自分の気持ちの境目が分からなくなってしまうのです。相手が感じている感情を、自分のもののように感じてしまったり、相手をひとりの人間として認められずに境目が分からなくなってしまうのです。

初めは、母親の心の境界線の問題だったのですが、そのうち、子ども側も、母親の気持ちの責任は自分にあるように勘違いしてしまいます。

母親が怒るのは、全部自分が悪い、母親の機嫌が悪くなるのは全部自分のせいだと、勘違いをしてしまうことも多いのです。

母親と娘が、同じ感情を感じなければならない。

お互いがそんな気持ちになるようになります。母親の機嫌をとるために、母親の心地良いことを選択できる自分になり、母親が悲しまないように、自分が気を付けねばならない。そんな風な心持ちを娘が持ってしまいます。

母親と一時も離れられないような気がして、母親を助けなきゃいけないと思い、母親に「NO」を言えず、母親の人生をさえも、自分が抱えてしまったように感じます。

母子癒着が起こる場合、ほとんどの場合は、父親と母親の夫婦仲がうまくいっていません。母親は自分の寂しさを娘が上手に埋めてくれるため、父親との関係も修復する必要がなくなるわけです。

また娘の側も、自分がいないと、父親と母親をふたりきりにできないと、勘違いしてしまいます。

こうなると、両親の心の面倒を見ているのは娘のようになってしまうわけです。

家庭の中で、《母親＆娘ＶＳ父親》という図式が起こるのも、この母子癒着の問題が多く関わっています。

すると、娘は無意識的になのですが、「母親を置いて結婚できない」と思い込むようになり、「母を置いて結婚するとことは、かわいそうな母を捨てていく」ような感覚になり、罪悪感が生まれるのです。

癒着の心理を持っていると、思春期にあるべき反抗期なども起こらず過ごすことになりますので、（母を守るのが自分だとしたら、母に反発する自分はとてもではないが、出せないという困ったこととなります）いつまでも母親の側にべったりといる、もしくは、物理的に離れて暮らしていても、精神的にはいつも母親を気にして生きている。物ごとの判断基準が、親が喜ぶかどうかに集約されますので、とても不自由な状態になりがちなのですが、本人は気が付きません。

表面的にべたべたする関係だけではなく、潜在意識的に潜ってしまっているケースも多く見られます。

ともすれば、「母娘の仲がいいですね」だったり、「親孝行なお嬢さんですね」と評価されるものですから、気が付かないどころか、それをよいことと捉えています。

また、最近では、年ごろになり母の言いつけ通り結婚をしてみたものの、子どもができて、少ししたら離婚して実家にもどるケースが増えています。

すべて、無意識・潜在意識的に起こっていることなので、母娘ともども、本人に自覚はないのです。

娘は「母親の価値観の枠」の中でしか幸せを決められない…という、檻《おり》にいることに自覚がないのです。

そのせいで幸せなパートナーシップを持てない、いわば、精神的自立ができなくて、パートナーを持てない。そんなケースが増えている現状があります。

親からの自立と性愛

「お母さんが重いんです」そんな言葉もよく聞きますが、取り立てて問題がないですと言いつつも結婚できなかったり、パートナーシップがうまくいかない場合には、両親との関係性を見直してみることをオススメします。

また、見直した先に「自分が自立できていないかも？」と疑ってみてください。自立ができていないというのは一見、とてもショッキングに見えるかもしれませんし、「私、会社へ行って、仕事もしているし、一人暮らしもしています」なんて抵抗感が出る場合もあるかもしれません。

でも、本当の意味での「精神的自立」というのは、父親と母親から「卒業」してこそなのです。

さて、父親と母親の夫婦仲が悪い場合、父親と母親の間に入って、夫婦の関係を修復させようとしていた。そういうことが無意識的になされている場合があります。

また、父親と母親の「価値観の枠の中」で、自分自身の価値観・判断基準があり、精神的自立が図れていない場合、「私の望む幸せ」ということにピンとこなくて、「お母さんが喜ぶように」無意識に考えている。そんなことがとても多くあります。

たとえば、好きになった相手が、飲食のお店を経営していたとしましょう。父親と母親が、公務員同士で結婚しており、そして、父親と母親が何かにつけて「安定」が大事という価値観を口に出していたならば…経営をしている男性と付き合うということは、無意識に罪悪感をもちます。また、娘が「彼は自営業をやっている」と紹介して、「やめときなさい！」と言われてしまったら…それがきっかけで交際さえやめてしまった、なんていうのはよく聞く話です。

そうして、それが「娘側の価値観」に染みこんでしまっている。そんな場合がよくあります。知らず知らず、自分の本心より、親が喜ぶであろう人を選ぶ…ということとなります。

そして「やっぱり、安定した仕事でないと」とか「不安定な仕事の人は、結婚できない」などの信念となって自分の内側に育ちます。それが足かせとなって、恋愛や結婚を避けてしまうことが多くあります。

もしここで、両親の枠を超えることができていたとしたら…。両親がいくら反対しても、

「それは、お父さんとお母さんの価値観です。私の価値観ではありません」

と自分の選択を優先することができます。それを罪悪感なく言えるということは、かなりの成熟度が必要になります。

本来はこの成熟度は誰でも手に入れることができるものです。

多くの場合、表だって親に反発できないことはもちろん、無意識的に親の枠にとらわれてしまっています。あきらめが自分の中にはびこり、自分が自分の独自の考え方、価値観で生きてもいい！　という心の中でＯＫさえも出せないことの方が多いかもしれません。

こういう私も、昔は無意識に親の価値観にしばられ、その中でいろいろなものごとを判断して、しくじってきたのです。

親の好む職業・親の好むあり方、親が好むであろう結婚相手・親が好むであろう子育てを経験してきました。「何か違う」「何かおかしい」という違和感を抱かなければ自分自身の人生は開けなかったと思います。

ここまで読み進めていただきますと、さも「親が悪い」ように聞こえるかもしれませ

ん。

でも、決してそうではなく、親側もそのように「育てられてきた」んですよね。

世代間で癒着が当たり前のように伝えられてきたとすると、その他の価値観は入りにくくなりますし、それ以外の価値観を持つ者は、つまはじきになります。

共同生活内でのつながりが、現代よりももっと大事だった時代は産まれ育った親世代を「悪い」というくくりで計ることができなかったのです。

悪者探しをするのではなく、新しい時代の親子関係を創り、子どもの自立を促していける、そんな親に私たちがなっていけばいいと思います。

親が悪かった。親が間違っていた。それだけではなくてもっと、次の世代につながっているような取り組みができるといいと思います。


それではこの章のタイトルにもありましたが、「性愛」がなぜ？　自立に関係があるのか？　ということについてお伝えします。

「親から自立する」ために必要なのがこの性愛のエネルギーになるのです。

自立の時期と言えば「思春期」です。思春期には、性徴の目覚めがあり、心も体も、大人になる準備をします。この「大人になる準備」の中に、親からの精神的自立も含まれるのです。

親からの自立とはどういうことなのかと言うと、生活の自立、経済の自立、そして、精神的自立がもっとも大事なものだと考えています。

精神的自立とは親を拒否することから始まります。

親を離れ、新しい「巣」を創り、自分の王国を創っていくそのプロセスが、精神的自立へのプロセスです。

その自分の国の「ルール」は、自分で決めていい。親の「国」とは、まったく違った独立国家を創り上げていくことが大切になります。親の国の「当たり前」は、自分の国の「当たり前ではない」を、創りだしていくものなのです。

もちろん、親の国の法律もそのまま受け継ぎたいと思うのであれば、そのままそれを持ち込んでも良いわけです。自分の好き嫌いで選択をしてもいいのが、自分の国の法律です。

また、いろいろな失敗を経験してルールの上書きをしていくのも、その国創りの醍醐味なのです。

さて、第二次反抗期の頃、人間は子どもの側から親を嫌います。動物の中で、巣立ちの時期に子どもが親を嫌うというのは、人間だけだそうです。

多くの動物たちは、子どもから性の発達に伴ってフェロモンが出だすと、親が子どもを巣から追い出します。中には、半殺しにしてでも子どもを巣から追い出し、寄せ付けないようにする動物もいます。そうして、子どもはあたらしいパートナーを見つけ、自分の巣を作っていきます。

人間だけは、子どもが親を嫌い、巣を離れないといけないのです。

しかし、前述したように母子の癒着があると、これがうまくいかないことがあります。母のことを守らなければならないと思ったり、母の機嫌が悪いのは自分のせいと思い込んでしまうと、自分が母親に反発するということができなくなります。

守る自分が母親を攻撃するかのように思えてしまいますし、母親を守るということが「自分の価値」なんだと勘違いしていれば、それは「自分の価値」さえ脅かすものとなります。自分が自分であるためにも、母親と癒着している自分であるからこそ、自分には価値があると、無意識に思い込んでいることもとても多いのです。

すると、母親のために自分が「子どもの立場でいてあげないといけない」、時には、問題行動を起こしてまでも手のかかる子どもとして、献身的な母親役をわざわざ母親に提供してあげるために、自分を不幸にする子どもさえいるのです。

もちろん、無意識・潜在意識的にですので、誰もがそんなことに気が付かず、起こる事象の解決だけに奔走され、問題の根は刈り取られないままになるのです。

このように、母子癒着があると、子どもの側が成熟することを避ける傾向があります。

ママを超えれない。そんな風になるのです。

さて、もう一つは逆説的なのですが、第二次反抗期をしっかりやるために、実は両親との愛着形成がしっかりできあがっていないと、反抗期を迎えられないと言われています。

親は自分を嫌わないと思っているから、反抗期に反抗ができるのだとも言われています。

反抗期ができないということは、親に条件つきでないと愛されないという思いが根っこにあります。癒着の心理でいえば、親の感情の面倒を見ている自分は親に愛されるという思い込みがあるので、親の感情面での面倒をもう背負わないとなると、親に愛されないという感覚になります。

でも、ここはみなが言語化できるものではなく、多くは感覚的に「怖れ」「怖い」という感覚で現れます。守りがない、居場所がない、そんな感覚が出ます。それはまるで、幼子が雪の日に外に放り出されるくらいの恐怖感を感じますので、見捨てられる不安がかき立てられ、抜けることを難しくさせます。

これは、あくまで無意識的に起こることなので気が付かないことも、とても多いです。もうすでに、自分が大人であることを見ないようにして、自分がとても頼りない存在でありつづける。そうすることで、親からの庇護や保護を求める。そんな矛盾する気持ちが出てしまうのです。

怖くて怖くて親に反抗ができないと話すクライアントがいます。

でも、心の中では、こんなことが起こっているのに何もせず、このままだと自分が幸せになれないので、自分自身の内側にある怖れがどこからきていて、そして、親から愛されるための努力をあきらめていくこと、手放していくことが大事なプロセスなのです。

そこに必要になるのが性愛のパワーです。

親よりも、もっと好きになる異性の存在。それが、何より自立を支えてくれるパワーになるのです。

精神的自立の頃に性の目覚めと、性徴の発達が重なることもここには意味があり、親を嫌い、つながりを切り、性のエネルギーを発露させ、異性とつながりたいという意欲が、精神的自立とそれにともなう生活の自立・経済の自立への意欲となるのです。

「結婚したら、自由がなくなるって本当？」

たくさんのクライアントのみなさまとお話をしてきて、「結婚したいんです」というご相談も多くあります。そして解決策や行動することをご提案すると「でもー」と、できない理由をたくさん並べてしまう人が非常にたくさんいます。

「でも、ネット婚活は怖いです」

「でも、婚活パーティーは若い子ばかりでしょ？」

「でも、お見合いは、なんだか、窮屈で」

「でも、私、面食いなんですよ」などなど…。

そうして無意識・潜在意識では、この言いわけを使って結婚をする現実から回避をしているようにみられます。言いわけをして、行動をしないってことですね。なので「結婚したい」と話されていても、それは実は「口だけ」という怖ろしい現実＝ファンタジーなのです。

脳内の妄想だけの世界で、自分が完了してしまっていることを指すのですが、テレビのアイドルだったり、ロックスターだったり、アニメの主人公だったり、自分自身の妄想の恋愛で仮想恋愛を繰り返す。そんなことも多くあります。実は、これも現実からの回避行動なのです。現実というよりも、自分自身が女性としての幸せを手にすることへの怖れ、とも言えると思います。

また、前章にも書いてきましたが、大人になること、両親から離れることの怖れが、そこにはあるかもしれません。

みなさんへ「実は、結婚したくないとしたら、どうしてですか?」「その理由はなんでしょう?」と、いろいろ質問をさせていただきますと、最初は憤慨されるのですが…。そのうち、気付きがいろいろ起こってきます。

たとえば、一人で生きていれば、幸せだと思い込んでいる。以前の恋愛や結婚で傷ついて、もう二度と誰かと暮らしはしないと、固く誓っている。そんな信念が心の中にあるとします。それを肯定したいのが人間の心ですから、「誰にも縛られず」「お金も自由だし」「時間も自由だし」「やりたいことは、誰の許可もなくやれる」。そう答える人がとても多いのです。

私自身も、シングルマザーの時代、「男性と一緒に暮らすなんて! もう二度といい！」なんて思っていました。

また、このように以前の恋愛がきっかけで恋愛や結婚が怖い、という方々のお話をよくよく聞いていると、やはりその影には、母親からの影響が大きく隠れている場合があるのです。

母親が、不幸そうだったり、「ママがかわいそう」と潜在的にずっと思っている場合、母親から離れられない事象を創り上げるのですが、母親のことを理解したいという心も働きます。これも、無意識的な行動になります。

ママのようにはなるまい！　と思えば思うほど、母親と同じように行動していた。そうして母親と同じような気持ちになった。そんなことに気が付いていくのです。

無意識的な行動というのは、「意識」して変化をしていかないと変えていくことはできないものです。なので、まず気が付くこと。母親を理解したくて、母親の気持ちを知りたくてこんな行動を取っているのではないか？　と、気が付いていくことがとても大事です。

これは、母親のことだけではなく、父親のことを理解しようとしたり、父親のことを助けようとしたりする場合も起こります。

女性の場合、父親とそっくりなパートナーを選んだり、反対に、父親と真逆のタイプを選んだり、でも、その選んだ真逆の人は妻帯者で手に入らない人だったり、そんなことも多いものです。

どのケースにしても、無意識的に両親の影響を受けてしまう。それが、パートナーシップなのだと思ってください。

私たちの両親の世代に「自由で成熟しているパートナーシップ」を持った人は、まったくの少数派ではないでしょうか？　日本の高度経済成長期からバブルの時代に、青年・壮年時代を暮らしていた世代でしょうから、家族のために、子どものために、必死で働き、お金を貯めて、というのが「あるべき姿」であることを疑いもしなかった。そんな時代を過ごしてきたと思います。

今の時代と違って、男は仕事、女は家庭を守るもの、という役割分担が染みついている時代です。女性が活躍できる場所もそれほど多くはなかったでしょうし、時代の背景でもある「ウーマンリブ」が女性と男性の「戦い」の図式を強化し、「女だてらに」「女のくせに」なんて概念が生まれた時代でもありました。

なので、女性が自由を得ようとすると、大きな社会的な壁がたくさんあったのではないか？　と思います。

男は家族のために我慢して仕事をし、それが美徳でお金を稼いできた時代がありました。女は、男が稼いでくるお金で一生懸命やりくりをし、男の経済的庇護の元で、家計をやりくりし子どもを育て、貞淑でおとなしく、慎ましやかなことが美徳とされました。それが、悪かったわけではなく、これまでの社会が「かたちをつくること」を、美徳としてきたのです。

そして、男性と女性のパートナーシップに重きを置くことが、それほど大事だとは思っていない。そんな社会風潮があったと思います。

また、近年まで、姦通罪という法律があり、この国で性愛を語ること自体も、また性愛のことをクローズアップし、子育てよりも毎日の中心に置くことも、まったく理解できなかったでしょう。そんな世代が、私たちの親世代でありました。その世代の価値観の影響を受けているのが今の20代～30代の若い世代ではないかな？　と思います。

「結婚して、より、自由になる。性愛を真ん中に置いたパートナーシップ」なんて、誰もできていないのが、この日本の現状ではないでしょうか？　それで普通なんですね。

そして、次のステージへ！　ここで目覚めていただきたいのです。

「結婚して、自由になる」これは、できうることかどうか？　そして、「Ｙｅｓ！」と自分に宣言してあげてほしいのです。

この概念がない、親の世代にはこれは、ためし得なかったことかも知れません。でも、
自分の人生は、親のものでもなんでもなく自分のものです！
親ができなかったことは自分ができない理由にはならないのですね。
自分の人生は、自分で創って行くことができるのです。
どうぞ、自分の人生に親よりもママよりも、幸せにそうして自由に！
「幸せ」を創り上げる道筋を、創り上げていきましょう。

心とセックスの関係

2

誰もが抱きしめて欲しい

思春期の頃の第二次反抗期の時代。この時代に、セクシュアリティ（性愛）の目覚めがあり、この頃に、親のことを子どもが嫌い、反発して反抗します。同時に、親よりも大事な友人、社会、そうして異性を求めて、外部の人々とのつながりを作って行きます。このつながりを創りたいと想うのがセクシュアリティのエネルギーの一つの形です。

そうして精神的自立を計っていきます。そんな道筋が、子どもの発達のプロセスにはあります。

しかし、この親を嫌い、親以外の人とつながっていくのも、しっかりと親との「つながり」を感じて生きてきたからこそ、これを切ろうとします。

しかし、この「つながり」を感じないまま大きくなっていたとしたら、心の根っこには「不安感」が強く、「愛されたい」「安心したい」「認めて欲しい」などの衝動に苛《さいな》まれることになります。不安感や焦燥感や見捨てられ不安をもってしまうので、親を嫌うなんてとんでもないこととして感じてしまいます。

では、この反対の「満たされている」「安心する」「安全である」「承認されている」「愛されている」などの感覚を持つにはどうしたらいいのか？　ということとなります。これが、「肌のぬくもり」でしか分からないのが、人間なのです。

安心感のもと、守られているという感覚。これは、「肌のぬくもり」で感じます。そもそもは、0歳から1歳半までの時期に、母親（主たる養育者）に抱かれることによって愛着と言う感覚が形成されます。

愛着とは？（Wikipedia より）

他人や動物などに対して築く特別な情緒的結びつきのことであり、特に、幼児期までの子どもと育児する側との間に形成される母子関係を中心とした情緒的な結びつきという意味。

愛着形成がしっかりとできあがると、母親と子どもの間で目に見えない、絆のようなものが形成されます。一旦この安心感を手にすると、今度は遠慮なく、自我を発達させるための反抗期ができるわけです。

しかし、この1歳までの時期に十分に抱きしめてもらう感覚を得られないと、子どもは「この世の中は安心な場所だ」と思えず、何かがあっても守ってもらえるという感覚が持てなくなり、人生を送るベースが不安になってしまいます。

しっかりとした愛着を形成できている人でも、何か不安なことがあったり、心配なことがあると、誰かに抱きしめてもらい安心して、落ち着くこともあると思うのです。しかし、その愛着の形成がうまくいっていない場合、えもいわれぬ不安感に苛《さいな》まれてしまいます。無意識なので、この不安はどこから来ているのか？ まったく分からない。そんな方も多くいます。

こういう私も、愛着の不安を持っていました。

人との密接な関係性を築くことが怖くて、親密な間柄になることを避けたり、しっかりもののお姉ちゃんキャラで世間を渡ってきました。特に恋愛関係になると、途端に相手に依存的になり「重い」と言われたり、そんなことを繰り返す関係しかつくれませんでした。

愛着の形成がうまくいかなかった場合、「不安」をベースにした毎日を送りますので、不安を埋めるために、いろいろな行動の〝起点〟が不安を埋めるための行為となります。

そうなると、自分自身に目を向けるというよりも、自分以外の〝他者〟の機嫌をとり続けたり、顔色が気になる。そんな状態になります。

前述しました、母子癒着の問題の中でも出てきていますが、両親の様子に、自分自身が左右されてしまう…。自分自身の幸せだったり、心地よさだったりを脇に置いて、自分以外の人（ここでは、両親）の機嫌を優先してしまう。

なぜ？　他の人を優先してしまうか？　というのは…根っこに不安があり、それを埋めるために、行動をしているからです。愛されているという自信も、確信もないので、「何かをしないと愛されない」という感覚になります。

この感覚から「自分が自分の人生を生きてもよい」という感覚へ変化をさせるときに、人の体温が必要になります。

この、人の体温が欲しいがゆえに、不毛なセックスを繰り返したり、恋愛依存やセックス依存になる場合もあり、セックスや恋愛の高揚感が欲しいのではなく、人の体温で感じれる、安心感がほしい。自分は自分で、そのままでいいという自己信頼が欲しいのですが、それを恋愛で埋めようとするので、いつまでも埋まらない。そんな状態になるのです。それは**【代替え行動】**なのです。

人は、本来「ほしい」と思っているものを代わりのもので埋めても満足しないものです。でも、その本来の「ほしい」が分からないと、いつまでもそれを求めて彷徨《さまよ》うこととなります。

この「ほしい」というものは、自分が、心の奥底に埋め込んでしまっているそんな可能性もあります。なので、よくある事例で、一番やりたくなかったことがその「ほしい」に当たることさえあるのです。なので、その「ほしい」が分からないことも多く、分からないからこそ求めて彷徨《さまよ》うのです。

「自分探し」と多くの人は言いますが、経験を通して自分の中の本当に本当に望む「ほしい」を見つけるプロセスを人は求めているのだと思います。


まずは、自分が自分のことを理解するプロセスが必要なのですが、それもままならないのがこの不安感なのです。

心理的なアプローチはとても有効ですが、それにもまして、誰かの肌のぬくもりにまさるものはありません。

信頼し、安心できる関係性や場の中で、セクシュアルな関係ではない、ハグ（抱きしめあう）の経験は、人が人を癒やせる大切な機会です。

セクシュアルな関係で結ばれつつも、セクシュアルな場ではない時に、パートナーとハグをできるなら、安心感の感覚をしっかり身に付けることができます。そんな機会に少しずつ、しっかり体温を感じることを自分に焼き付けてみてほしいのです。

人は不安になったとき、抱きしめてほしい。

不安でなくても、抱きしめて感じる、肌のじんわりしたぬくもり以上に、癒やされるものはないのです。

それは、もしかすると、産まれてくる前に感じていた母親のお腹の中の感覚に似ているのかもしれません。

あったかくて、やわらかくて、ほっとできる。そんな感覚が人を強くしていきます。

恋人、旦那さんを何とかしようとしない

心とカラダはつながっていて、それが、ストレートに現れるのがセックスです。心の状態がセックスに現れると言っても過言ではありません。

また、このセックスに関しては「タブーな感覚」や「隠さないといけないもの」として植え付けられたものがたくさんあります。

両親の間に、セックスがタブーとなっていた場合、子どもの「私」も当然、これはいけないこととして認識します。また、両親との関係性の中で、未成熟だったり、癒着がある場合、「大人になること」はタブーであり、大人になると愛されなくなるという誤解した怖さがあり、成熟することは、母親から離れることであり、裏切ること。なんていう観念を持っていることが多いのです。

セックスをしてしまう自分はいけない存在で、愛されなくなり、それを求められない

ように、女である自分を隠していくことを無意識的にしてしまうのです。

無意識に隠す行為として、太りすぎていたり、ボーイッシュで女性らしい行いを極端に嫌ったり、たばこやお酒におぼれたりなど…そんなこともあります。

子どもであることから成熟した女性になるのを飛ばして、子どもの女の子から、おっさん化したおばさんへまっしぐら！　なんてこともあります。もしくは、いつまでたっても子どもの女の子のままで、セクシュアルな関係をふさいだまま、大人になる。そういうことが「普通のこと」として扱われているのが、現代の日本です。

もしくは誇張された状態で、セックスだったり、成熟した女性性に対して揶揄《やゆ》する。そんな雰囲気があります。私たちは、なかなか女性らしさとか、成熟するということにピンと来ないのかもしれません。


いつも例に出すのですが、アニメ「ルパンⅢ世」に登場するヒロインの不二子ちゃん。彼女のようなキャラクターは、日本では「悪女」という一言で片付けられてしまいますが、ルパンはいつも、不二子ちゃんのためならどんな危険な目に遭っても恨まないし、裏切られても、ずっと不二子ちゃんを追いかけ続けることができるわけですね。

そうして、ルパンはどこかで分かっているんです。

不二子ちゃんが、すぐに手に入るとつまらないことを…。なので、追いかけ続けるんです。手に入らないからです。手に入らないけれど、手に入れたい。そんな魅力的な女性なのです。

魅力的であるっていうのは、女の特性も、男の特性もどちらも理解をしていて、そうして、その理解の上でゲームの感覚を持ち、新鮮な関係性を創り上げることができることなのです。


しかし、現在の日本のセクシュアリティの成熟度では、なかなか難しいものがあります。

男性も、男であるだけで偉いと祭り上げられ、本来の「自分」と言うものを脇に置かれて、「強くあれ」と育てられる。男の子だからと特別扱いされ、何もしなくても男は跡取りだから、家を守る存在だからとちやほやされ、実存の存在価値や個性よりも、〝男として〟という役割を優先されてしまう。個人的な成熟よりも、お家の中や社会での役割を優先されてしまうので、成熟が遅れてしまうのです。

これは、同じく女性も同じ役割の罠にはまっています。

女だから、表に出てはいけない。「男を先に立たさねば」「内助の功」などなど、女は、本来の姿よりも、縮小された形を求められるのです。

本来の成熟した女性性を育てるよりも、現在は、まだまだ社会に求められる〝役割〟

でふるまうことに誰もギモンを持たず、幼いままの女の子であったり、男性化して男に負けないように男まさりに戦いつづける！なんて姿がＯＫと捉えられています。

男女どちらにとても、成熟した状態からは離れていて、本来の姿のひな形を知らないのが今の日本人の大半であろう…と思うのです。


セクシュアルなことがふさがれているのですが、実は、そのセクシュアルなことは「自分が自分であるために」とても大事なことなのです。

セクシュアルなエネルギーは、自立していく時に必要なエネルギーで、両親との間で癒着の心理があると、人の感情と自分の感情の境界線が、引きにくい状況になります。すると、恋愛関係・夫婦関係の中でも恋人や夫の心理の面倒を見てしまう。そんなことが多くなります。すると、相手の感情が悪いのは、自分のせいに感じます。

そして、日本人のコミュニケーションには「察する」の文化がありますから、相手の顔色をみてしまいやすい…。そんな国民性があります。でも、その「察する」文化も、実はすごく、成熟を妨げてしまうものなのです。

コミュニケーションは、「言葉」ありきですし、言葉があるということは、相手と自分が別々の個性を持った人間であり、違った意見を持っていて、違った感性をもっている。その前提があって、はじめて成り立つのです。

この言葉を介さず相手の気持ちをくみ取るのは、ともすれば、人間的成熟という視点から見ると、とても危険な一面を持っています。

そんな背景があり、誰もが、誰かの感情の面倒を見てしまいがちです。

それを、「人の感情をなんとかしない」と決めるから、物ごとが進んでいきます。

親密な関係になっても、相手の感情を、相手の思考を、相手の行動をなんとかしようとしない。コントロールしない、そう自分に言い聞かせるだけで、随分と関係性は違ってくるし、自分自身の心の軸とつながりを深めることができ、セクシュアルな関係も深まっていきます。

セクシュアルなエネルギーと心の発達。そして「自分の真ん中とつながる」は、切っても切れない。

そんな関係性なのです。

性愛は生きる力

まず言葉について説明します。「まぐわい」という言葉です。

「まぐわい」とは？辞書などに書かれている意味では、
まぐわい―ぐはい【目合ひ】
①目を見合わせて愛情を通わせること。めくばせ。
②情交。性交。
（三省堂「大辞林」より）

この本でのまぐあいの定義は、セックスと位置づけることもしますが、同時に、質の違うもの同士の、エネルギー交換でもあると受け止めていただきたいのです。

また、ここで、セックスという言葉についてなのですが、そこにはタブー感があり、抵抗感がある方が多いので、セックスのことを**まぐわい**と言いかえることがあります。目を見つめ会い、そして、自分と相手の心を交わすイメージで見つめ合う。そんな心の交流ができれば、もっと、セックスは深いものになります。

カラダだけのつながりが、セックスではなく、刺激を求めるだけが、セックスではないのです。もちろん、男性と女性の特性の違いがあり、より女性の方が、心とセックスのつながりを求めています。一般的に男性は、心とセックスは別々と考えがちな傾向ですが、女性とのつながりが密になるほどに、心とセックスが通じあっていくのです。

短絡的で刺激的な、物理的で快楽主義なセックスが悪い訳ではないけれど、人の心をすさんだものにし、セックスなんてこんなもの…、愛なんてこんなもの…、という感覚におとしいれるのではないか？　と思います。

その快楽主義なセックスをすべて否定するのではないですが、それには、限界があることを多くのみなさんに知ってほしいと思います。

そして、性は深遠なもので、人を霊的成長へ導くことができるパワーを知ってほしいのです。

そこには、心とカラダを超えて、スピリットでのつながりを作り出し、快楽の先にあるスピリットが求める使命を実現することができます。そして、パートナーと共に成長する、そんな世界が織りなされていくのです。

そこにあるのが、まぐわいなのです。

目を合わせ、心を合わせ、リズムを合わせ、相手を感じ、全身全霊で結び、育み合う。そうすることを望み、お互いが在る。


社会一般に言われているセックスという表現を超えて、深遠な聖なるものを表現したくて、この〝まぐわい〟というワードを使います。

しかしながら、セックスという言葉の方がまだ一般的でもありますので、多くの場合はこの言葉も使います。この言葉のニュアンスの違いを感じてもらえればうれしいです。


さて、人間のもつ、三つの欲、三大欲求と言われるものが
『食欲・睡眠欲・性欲』

この三つの欲があるので、人間は生きることができます。

この三つの欲は、命を守るために必要な欲になります。

いわば、この三つを正しく機能させれば、人は健康に生き、そして、子孫を繁栄させていくことができるのです。

この三つの欲ですが、私は、こう考えます。

食欲とは、大地とのエネルギー交換であり、いわば、大地との「まぐわい」です。大地に種をまき、そのまかれた種が大きくなり、作物をそのまま食べるし、その作物を食べた動物を食べることもあります。

これが、海ならば…海の微生物が魚に食べられ、その魚を私たちは食べて暮らしています。

この大地からいろいろな栄養滋養をいただいて、命をつなぐことができるのが人間の私たちです。

空気は、この大地に種を飛ばし、増えてきます。光合成で出た酸素が、私たちの呼吸として血の巡りを創ります。酸素がカラダに供給され、私たちは生きています。水も同じです。

大地の浄化システムで、めぐり循環されたものが、私たちの体に入り、排出され、そして、また自然界をめぐります。

食というのは、食べるだけではなく、水と呼吸という、口と鼻を介しての循環としてもらえると、とても大切で、この地球まるごとのエネルギー循環とのまぐあいでもあります。

次に睡眠とは？

何を指すのかというと、見えない世界や「あの世」とのエネルギー交換であると言えます。いわば、目に見えない世界。あの世とのまぐわいで、心は、眠っている間に心の中のいろいろなことが整理されます。いらない情報は削除されて、必要な情報は強化されています。そんなことが、毎日、眠っている脳の中で行われています。

心の整理というのは、感情面での整理も担っていて、処理し切れない感情やショックすぎて埋め込んでしまった昔の感情も整理します。また、心のキャパが広がって、扱えるようになったら出てくるのですが、そんなときには、夢の中で感情の処理が行われることがあります。

たとえば、夢の中ですごく怒っていたとか、すごく悲しんでいたとか、すごく怖がっていたとか、ドキドキして起きて夢見が悪かったと落ち込む方もいるかもしれませんが。それは、潜在意識が、夢を使って感情処理をしたのです。「感じることができてよかった！」「心のお掃除ができた！」という捉え方もできます。

また、もう一つの捉え方として、スピリチュアルな考え方では、眠っている間に、私たちの魂は、「あの世」にもどって毎日毎日、朝に目が覚めるのは、生まれ変わりを体験しているんだという説もあります。

このように、睡眠というのは感情や感覚、また脳に送り込まれた情報の整理など、目に見えない世界の整理に使われる時間なのです。

精神的に病むと、「眠れない」という症状が一番に出るのが人間です。うつの始まりも、眠れないと言う訴えが多くあります。それほど、精神的なことと睡眠には密接な関係があります。

睡眠は「あの世」とのまぐわいであるとは？　目に見えない世界とのエネルギー交換なのです。

さて、もう一つの欲は「性欲」です。

性欲は人間を人間たらしめているもので、人は、人のぬくもりやつながりがないと生きていけない生き物です。

性欲というのは、人と人がつながるために必要な欲なのです。

人は、生まれて大きくなるまで、ずっと性的な存在なのです。しかし、社会ではだめなことのように扱われます。要らないもののように扱われています。

しかし、「性欲」がなかったら、私たちは命を発生できません。命をつなぎもできないのです。

しかし、性自体が汚らわしいものなら、私たちの命も、汚らわしく、きたならしいものとなってしまう…。それはとても悲しいことですし、そして私は違うと思うのです。命を大切にするとは？　性を大切にすることなのです。

産まれる時の私たちは、全身で母親の子宮をなで、母親の膣の中をなぞり、産まれたら、母親の乳首に依存して、命をつなぎます。そして、私たちは抱きしめられ、肌の接触がないと命をつなげない生物なのです。

声をかけてもらい、しっかり抱きしめてもらう。

そんな幼少期を過ごさないと、情緒的な安定も保てなく、成長発達もできない生物です。人は産まれながらに性的な存在なのです。それが人間なのです。

人間は、食べて眠るのと同じくらい、性的なことなしには生きていけないのです。人とのつながりがあり、はじめて、命をつなぐことができ情緒的なことを学ぶこともできるのです。

また人間の悩みのほぼすべてが、人間関係の問題です。

仕事の問題も、お金の問題も、子育ての問題も、親子の問題もひもといていくと、人間関係の問題です。

この人間関係の問題は、いわばコミュニケーションの問題なのです。

では、コミュニケーションとは？

人間の情緒的な交流があり、いろいろな感情と感覚が動き、人は人の間で傷つきもしますが、学び成長することができます。

一番、難しいコミュニケーションは？

男女のコミュニケーションなのです。


男女の関係には、命の発生（妊娠、出産など）が関わってきますし、情緒的な課題も現れやすいのです。男女間の一番難しいコミュニケーションを熟練することができれば、人間関係のあらゆる問題をクリアにすることができるのです。いわば、コミュニケーションの達人になれるのです。

人は、人とのつながりをなくしては生きられないなら、その問題に果敢にアタックしていくことが人間的な魅力を増し、そして情緒的なつながりを学ぶことができ、生きていることを肯定される…。

その「安心感」という感覚は、肌感覚を通してしか体験できないのが人間です。そしてその安心感があるからこそ、人生の冒険へも繰り出していけるのです。

いわば、性欲は人とつながる力を養い、自分が自分らしい人生を創り上げる源《もと》の力になります。また、自分が自分の内側からあふれてくるものを表現し、形にし、広げていくことの力にもなります。生きる活力にもなるのです。
性欲＝セクシュアリティであり、生きる力なのです。人と人とのつながりをつくる力。
その源である性愛は、いのちの力、生きる力、そのものなのです

自分とつながる方法

自分自身とつながる。と、きいてもピンと来ないかもしれません。

1章の中で書いた母子癒着の問題やまわりの人に合わせて生きてきてしまったこと。また、「いい子」で、生きてきてしまった…。そんな場合に、自分自身のセンス（感覚）よりも、人の感覚を優先させてきた…そんな人が多いです。人を優先させた度合いだけ、自分が何を考え、何を感じ、何を好きで、何を愛して生きているのか？　分からない。そんな感覚を持ってしまうことが多くなります。

人の気持ち、人の機嫌、人の意見を優先させて、いわば、流されやすいという状態で人生を送ってきてしまった…。幼い時には、両親の気持ちを優先させ、そして、両親の言いつけを守るおとなしいよい子だった。自分が「好き・やりたい」と思ったことは激しく禁止されていたのなら、自分の「好き・やりたい」という気持ちや感情は、タブーであることが多いのです。

そんな感覚を、根深く持っていることが多いのです

自分が好きよりも、まわりに「評価」してもらうことが優先なので、「自分の好きにしたらいいよ。選択したらいいよ…」と言われても、どうしたらいいのかまったく分からない。そんなことを引き起こします。

育ちのプロセスの中で、誰もが、その〝まわりに合わせて〟〝言うことを聞いていく〟ということをやる時期もありますが、〝そこからどう抜け出していくか？〟は、練習をしていかないと身につきません。

いわば、タブーを犯してしまうと、親から見捨てられるかもしれない。そんな不安を持ちつつ、不安だけど、自分の好きを優先させていく。その練習をするしかないのです。

さて、自分の感覚とつながること。

これの一番効果的で、オススメしている方法があります。突拍子もない発想だと感じる方もいるかもしれませんが、自分自身の身体と仲良くするためにも、無意識と仲良くなるためにも試してみてください。

その方法とは…。女性のマスターベーションです。〝ひとりえっち〟と言う方がなじ

みがあるかもしれません。オナニーと表現する場合もあります。

そしてそれは、なぜか？　を説明します。


筋肉の中に「無意識」は植え込まれていて、その埋め込まれた無意識は、行動を支配していいます。自分が、「やりたい」と思っても、「カラダが動かない」ということもあります。

そして、自分のやりたいという思いも、脳の記憶の再生がイヤな感情を呼びおこして、行動を止めてしまう。いわば、ブレーキがかかる状態です。

これは脳の指令と、情動と行動がミスマッチを起こしているので、これを合わせていくことが必要です。

波長を合わせていくことを練習するのです。

ひとりえっちは、まさに、自分の内側の感覚と外側のカラダの感覚をマッチさせていくことができます。

その間に、心や感情（マインド）があり、そのマインドを積極的に開き、意欲を持つことで、さらに自分が自分とつながることができるようになります。

自分が自分のカラダの気持ちいいをしっかりとつかみ、またカラダが気持ちいいと感じたところを自分へフィードバックしてやる。すると、ハートが開き、カラダの感覚が鋭くなる。そんな繰り返しで、心と体がつながるようになります。

自分のカラダを探究する。

自分のハートを探究する。

どうしたら？　どのようなシチュエーションなら、気持ちがいいか？

自分が、自分のカラダでしっかり遊べる。すると自分が自分を喜ばせてあげるコツが分かるようになります。

自分が喜ぶことを、積み重ねていくと、心でも、自分が自分を喜ばせることに許可を出していくことができます。

タブーが崩壊されていって、自分が自分を心地よくしていくことにOKを出せるようになります。OKを出せる。それは「赦《ゆる》し」になります。自分が自分にOKを出せる。そこに、赦しができる。それが、何よりの自己愛であり、それが、何よりも自分が自分とつながる方法なのです。自分の人生を大きくひらいていく…。そのコツになるのです。

自分とつながることができなくて、なぜ人を愛することができるでしょう？

反対に、自分とつながれないから、いつも「足りない」という感覚があり、誰かに埋めてもらおうとしたり、誰かに面倒をみてもらうようになったりするのです。

自分で自分を満たしていくことをせずに、人に求めるのは、それは、人から奪う行為であり、傲慢以外の何物でもない、私はそう思うのです。

あなたの中にある下女と姫マインド

3

両親の中にある下女マインドと幸せな結婚との関係

【下女マインド】という考え方があります

私が創った言葉です。

マインドというのは、心の〝在り方〟です。

では、その〝在り方〟を創っているのは「観念」と言われるもので、知らず知らずのうちに、私たちの内側にある「こうあるべき」、「こうするべき」と影響を与えるものです

では、下女とは？

げじょ－ぢよ［1］【下女】
①掃除・炊事など家庭内の雑用をするために雇われている女性。女中、下男。
②身分の低い女。
（「大辞林」第3版より引用）

いわば…「使われている」身分の人のこと、そんなマインドを持っていることを、下女マインドと称しました。

下女マインドは、自分が女であることはとても損をしていて、女であるだけで男よりは下で、損をしているという**思い込み**です。

女であることを損だと思い、「男なんかに負けるもんか」という感覚にもなります。するると、男にかしずくとは反対に、男まさりで競争的で、勝ち気でヒステリーで、男をやり込めようとします。それゆえ、できない男性をコテンパンにやり込めてしまったり、男性にかわいがられている女性を毛嫌いします。（自分が許可をしていないことに対し、人は攻撃するという習性があります）

お局さんと呼ばれているかもしれません。

自分の女性という性を否定している状態なのです。

その下女マインドは、日本の中では、肯定されていることが多いのです。

家事や育児は妻の仕事という風潮や男女雇用機会均等法の施行などがあげられます。

女性が社会進出するとは？　仕事を持つことです。

そして、子どもを産むのが女の勤めという思い込みも持ちながら、出産育児などを経験します。

「女が外で仕事をさせてもらえるなんて、旦那さんに感謝しなさい」と言われたり、女の仕事は、まるで贅沢な遊びのような扱いを受けたりが、まだ多くあります。

「家事と育児とが完璧にできてはじめて仕事でしょう？」

なんてことを多かれ少なかれ言われた経験のある女性はとても多いような気がします。

そして、女性たちは家事をやり、育児をやり、仕事もして…、自己実現のための勉強などを眠るヒマを惜しんで人生と向き合っている人が多いです。


ところが多くの男性も、その下女マインドの幻想にやられているので、女性をサポートするのは「してやっている」感覚が身についてしまっています。

仕事をして家庭にお金を入れているという大義名分があり、家事も子育ても協力しない、仕事から帰ったらテレビを見てゴロゴロ過ごす。

「こんな夫、粗大ゴミの日にすててやる！」って思える女性ならまだよいのですが、「私が、至《いた》らないからだ…」と、もっともっとがんばって、ついには、カラダを壊しどんどん枯れていく…。そんな女性にたくさん会ってきました。

何が悪い、誰が悪いということではなく、社会にある通念が、そうなっているのです。根深い心の男尊女卑がまだまだあり、考え方や観念の元になってしまっていることで、女性も男性も、とても生きにくい世の中になっています。

この思考が元にあると、「結婚ってしんどいだけ」という気持ちになってしまいます。家事も手伝ってくれないし、子どもの面倒も見てくれなくて、毎日をいっぱいいっぱいで過ごし、夫は自分にのしかかる粗大ゴミのようで…。

女性がそんな結婚生活に、夢も希望も抱くことができないのは当然です。「結婚してもそんな状態なら、男性と一緒にいるだけ損」と、結婚に夢を持てなかったり、「私が子どもと一緒に自由に生きていけるようになりたい」と離婚、シングルマザーが増えている…。

現在、そういう風潮は広がるばかりです。でも、それを変化させていきたいのです。「パートナーシップは、より自由になるために得るもの！」という風潮をまきおこす！それが私の願いです。

下女婚から姫婚へ

さて、心の中の「下女マインド」による、無意識の男女の心について書いてきましたが、また別の視点を書いていきます。過去の時代では、考えられなかったくらい、女性が社会進出し、自由になんでも選択することができる。それが現代だと思います。

女性が、自由に自分の人生をつかんでいく。それができるのが、今の社会です。

自分の人生を思う存分、イキイキと生き、共に成長することを求めてくれる男性が一緒にいる女性は、もっともっと自由に、魅力的に自分の人生を広げることができます。

一緒に生活する基盤である家庭は、二人にとっての成長と学びと幸せと喜びの場になり、お互いが既存の概念に縛られず、お互いの人生の「こうなりたい」の支援者で応援者のように、世界がどんどん拡がります。そこへまわりを巻き込んでいきます。

そんな形を作り出すのが、**【姫婚】**です。

反対に現在の〝下女婚〟という形のままですと、お母さんが下女マインドで…、下女が育てた女の子は、幼い幼児のような女の子マインドのまま、生活力も経済力も精神的自立もおぼつかないまま成長し、パートナーに父親を求めます。

言うことを聞くことでしか男性に愛されないという思い込みを持ち、依存的幼女型の女性になります。

もう一つのケースは〝おっさん下女〟になります。

〝おっさん下女〟とは、「男に負けたくない」が強く、家事も、育児も、仕事もやりとげます。

ただ、ぱさぱさのカサカサの状態で女性らしさを失い、セックスレスまっしぐら…。男性よりも仕事ができますが、多くの場合、年季の入った扱いにくいおばさんになりがちです。

また、下女の育てた男性は、パソコンやアニメなどの二次元キャラクターが恋愛対象とか、実際の女性は怖いと引きこもりがちで、それでも自分の全部を受け止めてほしいなんていう傾向をもちます。

母親の代わりを、女性に求めます。


もう一つは、〝おっさん坊ちゃん型〟です。

一見、男らしく見えます。「俺さま」的で支配的です。

わがままで、自分のことしか考えていません。

女は、男の所有物だと思っています。

下女マインドを持った母親の結婚生活は、子どもに、結婚への夢やパートナーシップの自由さを見せてやれません。成熟したパートナーシップのひな形を知らないのです。

今の子どもたちが、自分の人生を輝かせていくためにも現代のパートナーシップを見直すことが必要なのです。平和な未来を創り上げるためにも、多くのみなさまへ**姫婚**を広げていきたいと思います。

下女マインドができるまで

下女マインドの中には「女は損だ」という感覚や「がんばらないと、私は価値がない」という感覚があります。

その感覚は、歴史の中に起因があります。

それは、明治にできた婚姻制度というものです。

婚姻が戸籍により管理され、「家」という感覚が大事にされるように変わりました。

明治維新後、キリスト教の考えが入ってきて、結婚制度ができあがりました。

また、家制度は、儒教の考え方が入り込んでいます。

もっと昔、戦国時代だとか武家社会の中では、結婚は政略的に扱われ、政治に使われることが多かったのです。

農家や市井や、商人などの家では結婚は、それほど重要なこととはみなされていませんでした。

気に入ったもの同士が一緒に暮らす、それだけで良かったのです。

商売なども才能のあるものに継がせるなど、特に血のつながりが重視もされず、誰が先に産まれたとか長男制もなかったそうです。

村社会の中では夜這いの文化があり、誰が誰の子どもを産んでも子どもは「村の子」として扱われ、村では子どもたちを一緒に育て、特に決めごとはなかったといわれます。今のような養育の責任者などもいなかったのです。

土地なども、誰の土地という区切りもなく、誰のものでもないという感覚だったのです。

もともと結婚制度、家制度、男尊女卑という考えが幅を利かせてきたのは、明治以降の近年の概念なのです。

歴史的背景の中で、結婚制度、戸籍制度が重要とされたのは、明治以降のことであり、政府が国民を管理することに重きを置くようになりました。

廃藩置県があり、土地の区画が決められ、戦争があり、高度経済成長がありました。戸籍制度、家制度があるおかげで、「自分の家」「自分の土地」「自分の財産」「自分の嫁」「自分の家族」を養い、そうして面倒を見る人の「責任」が、重くのしかかるようになりました。

家を継ぐのは「男子」の仕事で、右にあげた家・土地・墓・財産・家族のこと・事業などなどが、男性を中心に管理・引き継ぎをされるという社会となりました。

個人所有の時代になったのです。

そしてそこに、戦争があるものですから、男性は「国を守るために、しっかり働いてくれている大事な存在であり、男の子は戦争へ行き、国のために役に立つ存在で、女の子は何の役にも立たない」という観念が強化されました。

家を継ぐこともできず、戦争へ行くこともできず、女は役に立たないとそんな図式ができあがったわけです。

戦争時代の、それこそ恐怖政治に似た洗脳教育体系の影響も受けているのだなと、私は考えていますが、教育制度の中にそんな埋め込みがいたる所にありました。

子どもたちが大きくなったら何になりたいか、戦争へ行って国のために働くこと、それが、教育制度で美化されていた時代でした。

富国強兵、そんな影響の中、女性は、どんどん〝役立たずな存在〟として受け入れられました。


それと同時に「メス」であってはいけないという押さえ込みもありました。

先ほども書きましたが、キリスト教や儒教の考え方の一部の影響で性が不浄なものとして扱われ、押さえつけられてきました。

日本は明治までは、大らかな性文化を持つ国でしたが、欧米の影響が広がっていきました。

女性は「母」であることは良しとされましたが、セックスを楽しみ、女を謳歌《おうか》する…。

いわば「メス」の部分を楽しむことを、非常に嫌われたという背景があります。


古代の歴史の中では、多くの国で、女性は女神でした。

そして、性は本来の自然のままの人間のパワーを引き出し、自然とともに共生共栄できるように性のパワーを活用したと言われています。

性の力は、自然そのものであり、女性の性のパワーは、いろいろなものを産み出し、世界を作り出す力と、捉えられていました。

その性の力を使うと、人が本来の「自分らしさ」を取り戻すと言われます。自分が自分で考え行動し、自分の幸せに責任を持つことを積極的に計ろうとします。誰もが自分らしく生きはじめると、人々の心のコントロールをしにくくなります。男性的な「囲い込み」の政治が歴史に出てきて以来、女性の聖なる性のパワーは、一部の皇帝学などへ埋め込まれ、一般には出回りにくい状況になったのです。

日本とは少し離れますが、中世ヨーロッパなどで、〝魔女狩り〟と呼ばれるものの根底には、この性のエネルギーの神秘を広めようとしたものが弾圧や抑圧された歴史にあるのではないかといわれます。

話は戻りますが、日本では戦争という歴史があり、戦後も変わらず戸籍制度、家制度が、戦争の影響で強化され、「女性は役立たず」という概念だけが残ったのです。女性は原始、太陽であったはずなのに〝役立たず〟であると、思い込まされました。役立たずであるのだから、何か、「やらないと」役に立たないという思い込みです。掃除・洗濯・家事・育児そうして、セックスを提供することによって、女性は、「生きていてもよい」という免罪符を得る…。そこまで価値を落とされてしまったのです。

下女マインドを超えるには？

「三界に家なし」

こんな言葉を聞いたことはありませんか？

これは下女マインドを持ってしか、生きて行かざるを得なかった女性に対しての揶揄《やゆ》です。

三界とは、まずは産まれたお家です。

産まれた家では長男・次男、いわゆる男の子が大事にされました。

家を継ぐのも、墓を継ぐのも、家業を継ぐのも、男の子であるわけです。

明治までは、女の子に継がせるということもありました。

実子でなくとも、継がせると言う状況もありました。

しかしながら、近代では、女の子は家の中では「ゴクツブシ」として扱われます。蔵の米を食べて大きくなるのに、何の役にも立たないと…、ゴクツブシと揶揄されたのです。

生まれた家では、働かないと役に立たないと教えられ、女は男よりも劣るのだと教えられ、嫁いだならば男の言うことを聞き、追い出されないように生活をしなさいと教えられます。

そして、嫁いだ先で夫との仲がよければまだ救われたでしょう。

しかし、そうではない場合、家事・育児は一手に女が引き受け、夫のセックスの要望は必ず受けないといけなかったでしょう。

姑との関係は大変でしたでしょうし、「家」との結婚であったでしょう。嫁の立場は、女中も女中、それこそ家事のまかない手として、誰よりも忙しくやりくりをして、やっと普通に「できた嫁」だと評価を得たのです。

夫に逆らってはいけない、姑に逆らってはいけない風潮の中、生きてきたわけです。

嫁ぎ先から放り出されると、勤め先もない時代です。

実家に戻ることも許されず、気に入られるように、我慢をして生きることこそが成功法則であったのです。

戦後から高度経済成長期を支えるには、男性が主体の職場だらけでした。復興に必要なのは男手で、女性の仕事はあまりなかったのです。

職業婦人として、活躍をしているのはまだまだほんのわずかの女性だけでした。多くの女性は働く場所もなく、家庭に入ってこそ女の幸せとうたわれてきました。

だから、家庭を失ってしまうと生きていく術もなく、誰の助けも得ることができず、どう生きていいかが分からない時代でした。

そうして、なんとか子どもを育てあげ、老人になって夫や嫁や孫に気を遣い、子どもたちに生活の面倒を見てもらうしかないのです。

姑の立ち位置にいたとしても安泰と言うわけではないのです。息子の機嫌、また娘しかいないのであれば、娘の夫への気遣いなど、自分の存在がお荷物では…、と感じる人生が待っているわけです。

このように女性は、三つの立場で人生が展開されるのだけど、そこには安心して過ごせる場所がないと言われたのです。

また、実際、そのように産まれて生きて老いての人生を送ってこられた方がほとんどだったので、このような表現に納得した女性も多かったのではないでしょうか？

これが社会常識となり、多くの方々が恐怖と共に、「女だから」という常識にとらわれ、不自由さに慣れて、生きてきたのです。


それが今の時代の「真実」かと言われると、全く違うのです。

しかし、心の中では受け継がれていたのです。

前述した、女は家事と育児をやって当たり前という考え方もそうだし、「仕事をするなら、家事を完璧にやらないといけない」という思い込みや「子どもを保育所へ預けてまで仕事をしたいなんて！」と、非難を受けたりします。「長男に嫁いだら、親の面倒を見なきゃいけない」などとあげるとキリがありません。


だから、その「見えない心の檻」を抜けていくしか、**姫婚**への道はないのです。

もちろん、親をないがしろにしろと言っているのではなく、老親を見捨てろと言っているのでもなく、両親も私たちも、自由な生き方を模索してもいい時代ではないか？と思うのです。

家族関係の中で、一旦、子どもと親は心理的断絶の関係になり、その後一対一の人間としての付き合いが始まると言われています。

その一旦の心理的断絶を超えてこそ、成熟した大人として、自分自身の人生を歩けるのです。

でも、女性たちが下女のマインドを持ったままですと、家にたてつくことができず、親を超えることができず、どんどん成長が止まってしまいます。

嫁である立場の女性が、一人でがんばっているという状態は、あまりにも全体の人間的精神成長を阻害するのです。

これは、次世代の子どもたちにも影響をおよぼします。

ぜひここで**姫婚**への道を目指しましょう。

子どもたちや孫たちのために**個人としての価値観・観念を大事にする**、そんな人生を育んでいただきたいのです。

では、どうすれば、この下女マインドから、抜けることができるのか考えていきたいと思います。

まずは、頭で理解していくことが大切です。

現代では、「三界に家なし」とは？　客観的に、冷静に考えたらそんなことはなく、女の子だから、男の子だから、家を継ぐ継がないなども、なくなってきています。

自分で自立して仕事を持つこともできます。

自立をしてお金を稼ぐことは、女性でも十分にできる世の中になりました。

子どもを育てるのも、保育サービスなど充実してきています。

そして、起業をしたいと言う女性も増えてきました。


もう一つ大事なことがあります。「仕事」に対しての、価値観の変化も大切です。

復興を遂げる際の高度経済成長期では、男性が主になって、力仕事やがんばりを見せる仕事が主流でしたし、父親たちは二十四時間働く企業戦士としてがんばってくれました。


幼い頃の父親は、子どもの自分たちとは比べものにならないくらいに力もありました。なんでもできるように見えました。

でも、その父親が、会社と言う所へ行くと、コテンパンにやられて帰ってくるのです。「疲れた」と言って、日曜の夕方になると「憂鬱《ゆううつ》だ、会社に行きたくない」とグチることもあります。

もちろん、父親は、家族のためにがんばって、生活を支えてきてくれました。

父親たちの時代には、これが、愛情の形だったんです。

カラダを張って仕事をし、家族にもっと裕福な暮らしをさせてあげたいとがんばってくれたのが、父親たちでした。

怠《なま》けたらだめ、がんばらなきゃだめ、仕事はきついもんだ、我慢の代償が給料だと思ってやってきたのです。

そうやって、父親たちは死にもの狂いでがんばってきたものですから、がんばらない人たちが、大嫌いになりました。「仕事は我慢してするものだ」「楽しい仕事なんてない」と、子どもに、言ってきかせました。

その思い込みや観念は、次世代に受け継がれ、時代が変わっているにもかかわらず、がんばることへの美徳感やがんばらないやつはダメというジャッジメントへと変わりました。

しかし、時代は変わりました。

文明の進化はめざましく、おそらく日本と言う国の中で、食べることに困ることはありません。肉体労働の時代から、頭脳労働へ移り変わり、がんばりの質も違ってきました。

これからの時代は、自分の生活のために労働するのではなく、「こだわり」へエネルギーを注ぐことで、お金を得やすい世の中になっていきます。

いわば、好きなことと得意なことでお金を稼いでいける世の中になるのです。

このこだわりにエネルギーを注ぐというのは、実は女性の方が得意なのです。

今後は、女性が楽しくワクワクすることで、お金を得ていき、男性はそれをサポートすることで家事も育児も分担していく…。そんな時代がやってきます。


そうして「自分たちだけ」ではなくて、得意を差し出しあって、お互いが得意を活かし合う…。そんな文化がどんどん広がります。

女性が活躍できる場所も、これからますます増えてくることでしょう。

しかし、これらの仕組みを作るとき、下女マインドではうまくいきません。


サラリーマン男性の給料は、どんどん少なくなる世の中になっています。

下女マインドを持つ女性の夫は、「おっさん坊ちゃん」が多いので、俺はがんばっていると言い張り、生活を変えようとしません。

「やってよ！」とケンカの末に、しぶしぶお茶碗を洗ってくれるくらい。

しかも「やってやった！」なんて、上から目線です。

家計が苦しいので自分が働きに出て、保育所のお迎えも病気の時もフラフラになりながらも乗り切ります。

誰かに助けてもらうなんて言語道断、迷惑をかけると自分の苦しさを打ち明けることもできません。

パートタイマー程度の給料で離婚することもできず、結婚は我慢と仕方なく毎日を過ごす、そんな女性が今でも多く、結構な割合で相談を受ける内容です。

もしも、**姫婚**を目指すなら、いろいろな保育のサービスを使ったり、まわりを巻き込み、友達の応援を受けるよう手配し、自分が活かせる仕事を探し、給料を上げましょう。女性が仕事を楽しみながら得て、発展させる時代なのです。

そして、「家事や手助けをしない夫はいらない」と言えるでしょう。

お金も稼がない、家事もやらない、足手まといの男は要らないと、三行半を突きつけることもできるでしょう。三行半とは明治時代まであった、離婚届です。女性は、もっと堂々と生きてよいのです。

余談ですが、明治以前の方が、離婚件数は高かったんです。

しかも、圧倒的に女性から男性への三行半が多いのです。昔も役に立たない亭主は、追い出されていたのです。

このような女性が増えると、もっと女性が輝くための地域支援のコミュニティー作りが、**姫婚**を進めるに必須だと考えます。

その前に、下女マインドを持っている自分に気が付くこと、それが、「当たり前ではない」に気付くこと、そこから、抜け出したいと意欲を持つことが何よりも大事なんだと、認識してほしいのです。

姫マインドで幸せに

さて、反対に、姫マインドってなんだろうという話をします。

簡単に言うと、「私は、愛されている」「私は、女性としての魅力がある」「私は何もしなくても、価値がある」と、心から理解し、納得しているという状態です。

女の子で生まれたことをとても喜んでいて、その喜びのままに毎日を謳歌《おうか》し、自分自身の存在自体が、男性へのプレゼントでもあると知っていて、自分自身の喜びが男性の喜びでもあると心から受け入れ、理解できていることです。

そもそも女の子は産まれた時には、そのような感覚は持ち合わせています。その感覚に「戻る」だけなのですが、後天的に学ばないと、姫マインドには戻れないのです。

ですので、確実に世代間の連鎖の中で引き継がれてくるのが、下女マインドだと思ってください。

いわば、後天的なものだと言うことは、解除したり、書き換えたり、変化していくことが可能です。

本来の自分に戻るだけなのですから。

しかしながら、そこへ戻ろうとすると、お母さんの言いつけを守らない、おばあちゃんの言いつけを守らない…。ともすれば、「先祖の呪いにかかるかも？」くらいの、とても強い恐怖感を伴う場合があります。

もう一つの思い込みで「村八分」なんていう疎外される恐怖を持っているのも、私たちだからです。

今までは、自分が下女マインドを持っていたからこそ、つながれた関係性から、思い切って、外に飛び出さなきゃいけないのです。

ママを裏切り、否定し、認めてもらわなくていい、それでも私は、幸せになれると、まず信じるのです。

そんな信念を、自分で作り出さないといけないのです。

それはそれは、無意識に、とても怖くて、とても勇気と覚悟が必要になります。

だからこそ仲間や、パートナーの存在が大きく関わってくるのです。

4

幸せになるための自分軸の作り方

自分軸と他人軸

さて、姫マインドになるには？　どうしていけばいいのか？　を書いていきたいと思います。

両親の影響を超え、特に母親の影響を超えて、幸せへの道を手にしていくにはどうしたらいいのか？　を考察してみたいと思います。

まず、「私は私」の意見をしっかりと持つことが、とても大切です。

今まではオートマティックに、「ママがそう言ったから」「パパがそう言ったから」「上司がそう言ったから」「夫がそう言ったから」　またまた、「友達が…」「子どもが…」と、まわりの意見ばかりを優先している。

そんな自分にまず気が付くことから、はじめて見て欲しいと思います。

私も昔、愕然《がくぜん》としたことがあります。無意識なんですが、誰かに誘われた時に、「夫が、きっと許してくれないから、うちの夫はうるさいのよね」と、話していた自分がいました…。

その誘いの内容を夫には伝えようとしていないのです。

↓コミュニケーションを逃げているのは、私。

夫が、「そういう人」と決めつけている。

↓自分の「べキ」を人に押しつけて、相手を決めつけている。

夫は厳しくうるさいものと、決めつけている。

↓夫は悲観主義者ではあるが、今回のケースは？　どう答えるかは、分からない。

夫に反対されたら、言うことを聞かねばならないという思い込みを持つのは私。

↓反対されても、やるという選択もあるのにやらない理由を夫のせいにしている。などなど…。

自分が逃げていることを夫のせいにしてた自分を発見してしまったんです。びっくりして、力がぬけました。

そして、ここから、自分が「できない」と思い込んでいることを、果たしてそうだろうか？　と自分に問いかけてみることにしました。

そこで、また驚いたんですね。ほとんど、すべてのものごとに、私は自分の意見を持たずにいました。誰かに合わせて、誰かの言う通りにする。誰かになんとかしてもらうのを待つ。その末に、ゴリ押しをするなどなど。すごく我慢をするか、爆発をするか？　のどちらかの対応をしている自分を見つけました。

「私は、こうする」「私は、こう思う」という意見を一つひとつ作っていったのもこの時期でした。

それは、ほんの小さなことから積み重ねていきました。

ファミレスのメニューで、自分がいま食べたいものを選ぶことや、冷蔵庫の残り物を見てメニューを決めるのではなく、先に食べたいものを決めてメニューを考えるなど、いろいろな出来事のたびに、

「自分は、どうしたい？　何が気持ちいい？？？」

と、問いかけていきました。

いわば、自分が自分を笑顔にするには、どうしたらいいのか？　をやっていきました。

またもう一つ。やりたくないことをやらない。というのも大切なことでした。

ご飯の支度をしたくないなら、お弁当を買ってくる。できあいのお総菜を買ってくる。

そんな小さなことをたくさん積み重ねました。

お掃除をするのが面倒。洗濯物をたたみたくない。それなら、その日はお休みする。でも、乱雑な状態が好きではない。片付いている状態も好き。では、気持ちよくそんな作業をできるには？　どうしたらいいか？　を考える。などなどでした。

夜に洗い物も洗濯もほっておいて、とっとと早寝してすっきり目が覚めて、次の日に朝から気持ちよく片付けが進むなど、よくあることでした。

自分のご機嫌を整えることが最優先。それができると作業もすっきり進むことが多かったのです。

現在のうちの場合は、家事万能の夫がやってくれることが多いのですが（笑）…。彼は、好きでやっていると話してくれるので、お願いしています。もしも夫がやってくれないなら、外部サービスを利用してみるのもいいかもしれません。たとえば、シルバー人材サービスなどをお願いすることができれば、経費も安くすみますし、自分のご機嫌を買うにはお安い投資だと思います。

私の場合は、自分の軸を取り戻すのに、すべてすぐうまくいったのではなく何年もかけて丁寧に行ってきました。

さて、自分軸の反対が、他人軸という在り方です。

ともすれば、他人軸は、だめなことのようにみなさん捉えておられるのですが、そんなことはなく、もともとすべての人間は、他人軸である。というのが、私の持論です。（産まれながらにとは違います。産まれた後の養育の影響により！と、いう意味です。社会・文化に影響を受けるのが、人間だと思うからです）

幼少の頃に親の養育の影響を受けるのは、子どもです。人間の子どもは抱っこされないと、言葉をかけてもらわないと、自分の命がつなげないことを本能的に知っているのだと思うのです。愛されるための努力をするのです。

1歳半から2歳頃になると、しつけというものを親から受けることになります。しつけによって、言うことをよく聞けば親にほめられ、言うことを聞かずにいれば叱責されて、時にはせっかんをされることもあるかもしれません。

おとなしく良い子にしていれば良しとされる日本の文化では、個性を出すよりも場に合わせ、人に合わせ、大人の言うことに従順でいればほめられるという成功体験を繰り返します。

もちろん、おおらかに自分らしい意見を持つことを教えられた方もいると思います。自分の好き・やりたい・意見をしっかり持つことを、幼い頃から手に入れることができているならば、自分以外の他者の、好き・やりたい・意見も尊重することができますので、良好な人間関係を育むことがすぐできると思います。また、意見の違いをぶつけ合わせてケンカをすることを、経験するごとに、人は自分と違うのだということも学びます。

しかし、いまの社会の中では、ケンカをしないことが美徳とされ、自分の意見を言うよりも、人に合わせておとなしく従順でいることを要求されます。そうでなければ、叱責されるのです。ご両親がそういう生き方をしていればいるほど、子どもも同じように自分自身を抑えつけた生き方にならざるを得ないのです。

つまり、自然に他人軸の生き方を身につけてしまっている人が圧倒的に多いのです。

そもそもは、両親に「条件付きで愛されるため」身につけた、他人軸。

すごく、語弊のある言い方に聞こえますが、両親側も無条件に愛された経験がなく、特に前項でお話をした、下女マインドが基盤になっていれば「何かをするから、価値がある」なのでは、何もせずに愛される、ありのままの自分は、愛される存在だという感覚・観念さえ思いつきもしないものになります。

すると、子どもにも、そのままではダメ…。学歴をつけて！　だとか、有名大学を卒業して！　とか、大手企業への就職を目指してとか。女性ならば、少しでもいいところへ嫁にいけるように！　などの「戦略」を講じます。ありのままが重視されるよりも、その「付加したものに価値がある」という錯覚がおこります。

両親側は、自分のフィルター越しとはいえ子どもが幸せになれるようにと講じた結果、子どもは「条件つきの状態でないと愛されない」という信念を、強化してしまうのです。

そもそも、両親から引き継いだ観念ですが、その思考やその考えは、その人のフィルターとなりそのフィルターを通して世界を見ますので、両親に愛された方法で、世界とも接します。

すると、まわりに合わせて自分を殺し、自分の内側の価値観ではなく、まわりの価値観に合わせて、どんどん自分の意見がなくなります。

そうなると、自分の人生は思い通りになんて、絶対！　ならなくて、自分が自分の人生の主人公だなんて思えなくなってしまうのです。

どんどん生きることがおもしろくなくて、無気力でつまらない…。そんな毎日になってしまいます。

自分が本当に望むものが分からないのでチャレンジすることもない。だって、それが手に入っても心からの喜びではないのだと考えてしまい、無気力・無感動な状態が普通…、そんなこととなってしまうのです。

なので、自分軸を取り戻すことが大事なのです。

自分が自分の人生の主人公であり、自分が望めば、あきらめなければ、叶わないことなど一つもないのだと思える。それが、自分軸を獲得した先に手に入るものなのです。

自分が自分の王国をつくる。

自分が自分を輝かせて生きる。

これが、**姫婚**の根っこになります。

この気持ちと、このマインドがあるから、誰かに「幸せにしてもらおう」としません。夫にでもです。幸せになれるのは「私」だから！　私は私しか、幸せにできない。でも、あなたがいると、ともに幸せになれる。そんな気持ちで、誰かとつながっていく。

そんな心の基本が、自分軸・姫マインドの構築にあるのです。


たとえば、小学生の子どもが、二人いるお母さんがいました。

三〜四ヶ月に一回、ママ友と飲みにいこうと誘われる。

それまでは夫に、「子どもをおいて夜に出ていくなんて！」「母親のくせに！」と言われることがあり、勇気が出なかったけど、それでも勇気を出して夫に言ってみた。

反対されても出席した。ケンカしてでも自分の「やる」を貫いた。

人はわがままと言うかもしれないけど、でも、自分の人生を自分で創るとは…？

ある意味、こういうことの繰り返しになります。人がこう言うからではないのです。

たとえば、一人暮らしがしたい。父親が厳しくて反対していた。でも、自分も30歳だ。定職にもついている。今までは、父親にびくびくしてあきらめていたけど、思い切ってお家を探し、引っ越した。

すると、たくさんの人が協力してくれて、一人暮らしもスムーズに行くようになった。恋人ができた。なんてことも、よくあるのです。

ほとんどのパターンが、今まで「やってはいけない」と思っていたタブーの先に、自分の望みが叶う道が必ずあるのです。その、自分にとってのタブーを超えることで、自分軸はどんどんとできあがっていきます。

なぜなら？　タブーとは？　人の常識だからです。もちろん社会的なルール違反はNGです。でも、人の観念である「こうするべき」というタブーは、これをどれだけ超えれるか？　が、自分軸を創るため、姫マインドを創るためには、大切だと言うことです。女は清く正しく美しくと言われたなら…。その反対に、みだらに・色っぽく・性の楽しみを表現する。それが自分の軸を創り上げる道なのです。その両方を手に入れることなのです。

自分軸を創るには？　まず、「親の観念」を「社会の常識」を、「こうするべき」を飛び越える覚悟が必要です。

自分の軸を創るために、多くのことを経験し、そして、失敗を重ねていきましょう。

でも、失敗というものは、この世に存在しません。あるのは結果だけですから、その結果を「望まない自分がいた」…ただ、それだけなんです。

子宮メソッドの生かし方
～女性器は、自分の中のパワースポット。自分のいのちを大事にする～

子宮メソッド。これは、「子宮委員長はるちゃん」が提唱されているメソッドです。

「女性器に、絶対、人が幸せになるための秘訣の秘密がある！！！」

これは、私の長年のカウンセリング経験から、直感的に降ってきたひらめきなのですが、七〇〇〇件のカウンセリング実績を重ねていく中で…、多くの事例で、セクシュアリティ（自分軸と姫マインドと、生きる力）を整え、性愛でつながった、パートナーとの関係を整えると解決しない問題はない。そう信じるに至りました。

一見、パートナーシップとまったく関係がないように思える、経営の相談・お金の問題、子育ての問題、不登校の問題なども、上のセクシュアリティとパートナーシップを整えることを解決していくことが、ほとんどでした。

そして、女性器のパワーについて、性の秘技について、奥義についてなどの研究を重ねていくと、性愛には人が人として自分らしく生きていくことの欠かせない秘訣が、この分野にはある！　と、たどりついたのです。

そして、そんな研究の中で、子宮委員長はるちゃんの存在を知り、彼女の発信を読むようになりました。直感的に、彼女の子宮メソッドが「これだ！！」と感じ、すべての女性はパワースポットを持ち、生きているのだと、書かれているのが子宮メソッドです。そのメソッドに出会い、私が、体験的に感じてきた答えが、そこにあるように思えました。実際に自分自身も、自分の性器を意識するようになってから、とてもスムーズにいろいろなことが整っていきました。

たくさんの女性が、今では実践している子宮メソッドですが、自分軸作り、姫マインド創り、そうして、**姫婚**には欠かせないものであると考えています。

子宮委員長はるちゃんの子宮メソッドは、彼女の著作「願いはすべて子宮が叶える」などに詳しく書かれていますので、ご参照してくださいね。

子宮委員長はる。アメブロ http://ameblo.jp/jj-haru/

さて、子宮メソッドを盛り込みつつ、自分軸・姫マインドの作り方、**姫婚ノススメ**についての解説をしていきます。

東洋医学の世界で、女性の性器の名前を解説している文献では、「女性器には、神が宿り、桃源郷への入り口である」と書かれている文献があったり、古神道の世界でも、「神社は、女性の性器を模して創られている」と言われます。

音も同じ音が伝えられていて、膣を別名「さんどう」（産道）と言い、そしてまた、「参道」は神社の道ですね。〝さんどう〟の奥には、お宮があり、手水舎があり、潤いを絶やさないようになっています。

子宮の中で受精卵は、大きくなり、人間の身体として育つのですが、その身体だけでは産まれてこれなくて、いのちの元である、「たましい」というものが入りこむ場所が、まさに！　子宮だということです。

たましいの居場所とは？　「あの世」と言われる場所となり…、女性の腹は、あの世とこの世のつながる場所であるのです。

女性は、月の満ちかけと同じように、カラダが自然に整います。

昔の人々はこの女性の自然と同じリズムに畏敬の念を持ったと言われています。また、さまざまな文献の中には女性器の不思議なパワーについて書かれていたり、房中術でも、性交は健康と長寿の秘訣であると書かれています。また世界のあらゆる、皇帝学・帝王学などの文献にもセックスの秘儀が描かれています。

さて、そのセックスのパワーを使いこなすことも**姫婚**では、とても大切だと考えています。

先ほどの子宮メソッドでの思想の根幹なのですが、女性は、内側にパワースポットを持っているという原則になります。

あの世とつながる場所でもあるのが子宮です。子宮は神社と同じくパワースポットで、その自分の内側にある神社のお手入れは大事なことです。

神社には、みなさんお祈りに行きますよね？　では、自分が自分の神社にお祈りすることをされてますか？　実は自分の「性器」（神社）へのお祈りをしっかりと行うことで、人生が好転していくのです。

「え？　そんな都合のよいことが起こるの？？？」

なんて疑心暗鬼もあるでしょうが…。それでも、子宮メソッドを行うだけならばタダですので、何も損はしません。ぜひ、やってみていただきたいのです。

また、**姫婚**的な視点でお話をさせていただくと…、自分の軸を作ること、女性としての自分を謳歌すること、この二つのことが、大切です。

その時に、自分のメスやセクシュアリティに「ＯＫ」を出していないと、ここには到達できません。自分の性を否定するということは、自分の命を否定するということになります。

自分自身が女性であることを楽しめないのに、男性があなたの「女性」を共に楽しむことはできないのです。

あなたがまず、自分の性を楽しんでいないのであれば、あなたの性を、誰が楽しむのでしょうか？　それではあまりにも「相手まかせ」です。

また、性を楽しむ…。女性を楽しむとは？　子どもから、大人になる道になります。そして、両親から独立することになるのです。

成熟していき自立を遂げていく時、このセクシュアリティの解放は避けては通れないことになります。反対に、母子癒着があったり、摂食障害などで苦しんでおられる場合（摂食障害の根っこは、母親の影響が強く、「大人になりたくない」現れであると言われています）セクシュアリティの抑圧が、とても大きくあることがほとんどです。

また、夫婦関係がうまくいかない場合も、このセクシュアリティの問題が根っこにあります。

性の解放は、タブー感を超えて行くことにもなります。

性を楽しむとは？　パートナーと共に、新たな自分の快楽をベースにした世界を創ることになります。ですので、ご自身の性器と、まず仲よくなっていただきたいのです。

自分が、「性器を見たこともないし、触ったこともないです」という方が多くおられます。でも、自分が「気持ち悪い」と思っているものを誰かに触ってもらったり、気持ちよくしてもらえるなんて、ないですよね？　また、自分自身の命は明らかに性交によって、産まれたものです。

性交を否定することは、自分の命を否定することとつながりますので、どんなに自分の人生を肯定しようとがんばってみても、ヒーリングやセラピーを受けても、自分の性を受け取れない場合は、自分の命へのＮＯと同じことですので、根っこの部分は癒やせないままになってしまいます。

ご両親のタブー感の影響を受けてると難しくなります。また、セックスと向き合うとは？　人生と向き合うことそのものにもなりますなので、ぜひ、命の根っことの向き合いを進めてください。

それができたら、**姫婚**へ真っしぐらです。

自分の命を、自分の性を愛しましょう。

では、具体的にどのように自分自身の性を愛して行けば良いのか？　を書いていきたいと思います。

方法の方向性は三つあります。【物理的な方法】と、【心理的な方法】、【セックスを通じて】の三つの方法があります。まず、物理的な方法について、いくつかご紹介させていただきましょう。

その1 自分に愛を

❶まずは、温める

女性の性器はお腹の中にある器官になりますので、冷やしてはいけない臓器なのです。

先ほどの章で日本の神社は、女性の性器を模して創られたとお話しました。みなさんのまわりの神社を思い巡らせて欲しいのですが、その神社の中でも、枯れた神社と潤った神社があると思いませんか？

枯れた神社というのは、誰にもお手入れがされていなくて、手水も枯れていて、参道にもたくさん汚れや落ち葉がついていて、お宮もホコリとか蜘蛛の巣だらけ…。そんな状態だと、なかなかお参りのお客さんも来ません。

子宮メソッドでは、参拝者は【男性】です。

では、女性の子宮が枯れていて参拝者さんがいないとは？

それは、セックスレスの状態です。

また、女性の性器が枯れている状態とは？　血流が悪く、冷えてしまっている。そんな状態だと思ってください。

また、最近、子宮まわりの「がん」が増えていますが、その「がん」は、冷えたところにできると言われています。血流がよく、体温が高いところには、がんはできにくいのです。がんになりやすいとは？「冷えている」状態だと言えます。

子宮まわりの血流が良くなると、骨盤低筋内の血流も良くなりますので、膣の中の潤いも増していきます。粘膜も増え、分泌物もしっかりと排泄されますので、潤いがあり、ふかふかとした内壁ができあがります。

子宮まわりの血流を良くするには…、まずは自分自身の性器に、意識を向けることが大事です。神主さんが不在になるから、神社が枯れるのと同じように、神社の神主さんであるあなたが、神主さんの任務をはたすことが必要になります。

そして、いつも、自分自身のいのちの場所に手を目を向けて、会話をしてあげたり、お手入れをしてあげたりしてください。

幼い頃から性器は、さわっちゃいけないもの…、とか汚いものとか、ばい菌が！　とか、不潔！　とか、意識を向けることが、さもだめなもののように扱われていましたが、私は、この肉体とたましいを結びつけるところだと捉えています。

命の根っこが、実は「会陰」にあると言われる説もあるのですが、この肉体と、たましいをつなぐのは「会陰」なのではないか？　と思っています。

なので、この性器に目を向けるというのは自分のいのちと向き合うこととなります。


温める方法として、オススメしているのは、まず、布ナプキンに替えてみられることをおすすめしています。紙のナプキンって、実は冷たいのです。布の温かい心地よさを感じてください。

また、その布ナプキンに靴下用の小さいカイロを貼って、「おまたカイロ」をオススメしています。下から温めると、とても効果的です。

うちの協会のサロンでも運営していますが、「よもぎ蒸し」も、とても有効です。

気持ちのよい方法で、温めることを取り組んでみてください。足を冷やさないように気を付けるだけで「生理痛が軽減された」そんなお声もあります。

温めることで、ご自身のお宮のパワーを最大限に引き出していきましょう。

❷ひとりえっち

膣のまわりなどには、毛細血管が、とても多く張り巡らされています。

ひとりえっち、セルフプレジャー、オナニー。いろいろな言い方をされる、女性のご自愛ですが…。自分で自分の「気持ちいい」を探究することです。

それはそれは、いい機会です。最近では、お医者様も、ひとりえっちの効果をお話されており、いろいろな効能が言われています。

「ひとりえっち」の効能は、女性ホルモンが活発になることでの美肌効果や、女性らしい、丸みを帯びた体つきになること。女性がオーガズムに達した時にエストロゲンというホルモンが分泌され、精神安定にもなると言われます。イライラの解消になりますし、自分が自分のカラダを知ることでセックスにも積極的になれます。

また、大人のおもちゃとして今では、アダルトグッズになっているバイブレーターは、昔は、ヒステリーの治療のための医療機器として開発されたという逸話もあります。

ひとりえっちで膣内部の血液の流れを良くし、神経のはりや巡りをよくし、膣の中の潤いを豊かにする効果があります。セックスで、感じやすいカラダにもなります。

自分のカラダを隅々まで触っていくことによって、性感帯の開発につながる効果があり、自分が自分を知ること、自分が自分を愛することが、とてもうまくいきます。これがとても大事なんです。

自分を愛することの一番は、まず、自分を知ることです。

カラダを気持ちよくさせてあげることも自分を大事にすることです。

自分を笑顔にしてあげることです。

膣の中に指を入れてみて、自分に言葉をかけてあげる。

そんなワークを、クライアントへ宿題を出すこともあります。

膣に指を入れて、自分の名前を呼んで、

「◎◎ちゃん愛しているよ」「◎◎ちゃん、かわいいね」などなど、自分に向けて話かけてもらいます。

自分で自分の味方になる。そんな感覚で、やってみてもらいます。これだけで、多くの感情がわき上がってきます。

何よりも自分の膣に指を入れることができない…。そんな方も、多くおられます。それこそ、母親との関係が、未完了になっていることが多くあります。思い切って、自分の性器を触ってみてください。触ってみる前に自分の性器を、鏡に映して眺めてみてください。いろいろな言語化されない感情が出てくるかもしれませんが、性器をスケッチできるくらいまで、眺めて見ることをオススメしています。成熟した性器は色が黒くシワがたくさんあります。命の宮を守るために、黒く大きくヒダっぽくなります。

「かわいいよ。かわいいね」と、自分で自分へお話してあげてください。

しっかり楽しむこと

しっかり許すこと
しっかり、自分で自分を愛することが大切です。

❸しめつけない下着

そけい部をしめつけないことが大切です。

そけい部には大きなリンパの節があり、カラダの中の体液の流れを良くします。なので、〝ふんどしパンツ〟などを、提案しています。

また、女性性をあげるためにも、おまたに意識を持つためにも、タンガ（Tバック）をオススメしてます。タンガですと、自分の股に自然に意識がいきます。慣れるまでの間は少し気になるかもしれませんが、ここは、がんばってみてください。思った以上に、快適な毎日を送ることができますので、ぜひぜひお試しください。

次に、心理的な方法をお知らせします。

4自分の感情を感じる

自分が抱えている感情を、「いい感情」と、「悪い感情」とに分けて考える人が、とても多いです。

感情には、「いい感情」も、「悪い感情」もなく、どちらも必要な感情です。

しかし、私たちは小さい時から泣くこと・怒ることを、ダメだと言われることが多くあります。

「泣かないようにしなさい」と言われたし、怒ってケンカしてはダメだと言われましたので、怒りや悲しみは、ダメな感情で、喜びや感謝以外はダメだと多くの方が、思っています。

悲しんではダメで、怒ってはダメで、わがままを言ってもいけない、いつも笑っていないといけなくて…。そんな風に、自分の感情を押し殺してしまうクセがついてしまっている。

そんな方が、多くいます。なので、感情を出す練習をする。感情に、良いも悪いもないんだと経験をしてほしいのです。

まず、自分が自分の感情を感じる。そこに慣れることが大事です。

自分が自分を大事にするとは？　本当の自分を見つけていくことです。

「本当は、怒りたかった」「本当は、泣きたかった」そんな風にフタをして自分が自分のことを一番大事にするのではなく、自分以外の誰かの機嫌や「常識」を優先していることはなかっただろうか？　そういうことに、気が付いてあげることも、自分を大事にすることです。

しっかり、自分が感じている感情を、オートマチックにフタをしたり、すり替えたり、ごまかしたりするクセを自分がまず、気が付いてあげてください。

おまた活動をはじめていくと、（物理的に、性器を温めたり、ひとりえっちをすると）感情が、出てくることが、多くあります。なので、自分から出てくる。、どんな感情にも、しっかりと向き合ってください。

「感情」と「行動」は別のものです。感情は感じきることで、するりと消えていきます。感情の下にある感情までも見つめることができると、しめたものです。

感情の下にある、美しい意図を見つけると、そこには愛しかないことが分かります。

たとえば…、レストランにはいって、スタッフの対応が悪かった。最初に、怒りが出てくるとしましょう。

「なんで、そんな対応なの？！　こっちは、お金を支払っているお客なのよ！」ような感じですね。

そして、次に出てくるのは悲しみの感情で、せっかく美味しいものを食べようと、気持ちよく良い時間を過ごしたかったのに、とても残念で悲しい気持ちになる。

次には、その下に愛がそこにはあって…。

「私は、私を大切に扱われたい」という気持ちがあることに気が付いてください。そして、もっともっと、自分が自分を大事にしていくことが、どういったことなのか？　に、こだわっていってください。

5 自分を丸ごとOKする

先ほどの感情をＯＫすることも大切なのですが、自分自身をＯＫすることも、同じく大切です。

自分の「存在」は、否定されない。どんなひどい自分でもＯＫを出す。いわば「ゆるす」のです。

誰かに対して、殺意を持つ自分さえも、自分は自分を否定しないでいる。そんな感覚です。どんな自分でも、「このまま行かせてもらいます」って感覚です。

だめな自分でもOK
情けない自分でもOK

すべてを受け入れた先には…すこし不思議な話ですが、「天にお任せする」という感覚を私はもっています。天に、ごめんなさいと、あやまり…、「このままの私で行かせてもらいます」と、宣言をする。そんな感じです。

全部の自分を天に任せる…。なんでもかんでも丸ごとを、受け止めてくれるのが宇宙だし、天だからと、思い込むのです…。そのうえで、自分を任せてしまう、スピリチュアルな視点、感覚が生まれます。

人間は、愛されていないと生きられない存在です。

では、「生きているだけですでに愛されている」のだと、無条件に信じてみよう…、という提案です。

❻自分を気持ちよくさせる

自分で自分が笑顔になることをやっていきます。

自分が自分を心地よくさせる。自分が自分のニーズを満たしてあげる。そんなことを、たくさんやってみてください。映画を観るもいい、マンガを読むもいい、スポーツするもいい…。

自分が心地いいと思うことを、自分に許してあげてください。お茶をゆっくり飲むとか、いわゆる、「ご褒美的」に自分が楽しむものを毎日に入れ込むと、随分、生活にメリハリが出ます。

自分を心地よくさせる。「何か」をしっかり探究してください。

自分が自分を笑顔にする時に罪悪感をすてること…。そこにもチャレンジが必要です。

休んでもいい

遊んでもいい

だらだらしてもいい

がんばらなくてもいい

そんな全部がなくても、自分には、価値がある。

これは、がんばり過ぎている人は、自分が自分へ伝えてあげてください。がんばりの「空回り」をしている自分に、気が付いてほしいのです。空回りは、「したい」ではなく「するべき」にエネルギーを注いでいる。ってことです。

7 自分を効果的に否定する

自分自身を、全肯定してあげることが、まず一番です。

「存在」というもののすべてを、まず自分が味方でいてあげる。

どんな感情を持っていてもＯＫ。

どんな、ゲスい思考を持っていてもＯＫ。

自分が自分の味方でいる。そうして、次には自分をおもてなししてやる。この手順は大事なことなんです。なので…まずは、それをやります。

そして、ここからがもう一つ大事なことなんです。

ちゃんと自分に期待する。これが大事です。

「こんなもんじゃない」って、自分に期待してあげるんです。

もし、どんなことでも叶うとしたら？　どんなことが、望みですか？？　どんな夢を達成したいですか？　と、自分に問うてやる。そして、その夢をなんで？　叶えてないの？？　と、**建設的に自己否定**するのです。

「え？　全面的に大好きって言いつつ…、才能あふれるこの私を…、私のこの才能を生かし切ることをやっていないってそれは、私は、私をバカにしてる？？　ってこと？」という疑問をもつくらいまで、自分で自分を叱咤激励するんです。

望む全部を叶えさせてやろう。そのために、今できることを自分のためにしてあげようと、動いて行くのが、本当の意味での自己肯定なのです。

ちゃんとできてない自分にイライラしてあげること。もっともっと、自分に期待していいのです。

それを達成したら、「自分もまわりも」喜んでくれることをやる、そして、たくさんの人が喜んでくれること、自分が産まれてきた意味をちゃんと実現できるように導いてあげることこそが、本当の意味での自己肯定です。

丸ごとの自分を肯定しているがゆえにできることなのです。

その2　女を極めるあり方

そもそも、すべての命は女から産まれて、育まれます。

母乳を飲み抱きしめられ、笑顔を向けられ声をかけられ、そうしないと生きていけないのが人間という生き物です。

でも、だからと言って子育ては、女だけの仕事ではないと思います。ひとりで、子どもを育てるのは、とてもとても大変だし、自分のカラダの中で、人間をひとり大きくしたってのは、かなりのエネルギーを使います。そして、母乳をあげるってことは、毎日、成分献血しているようなもんです。それだけで、随分と体力を使っているのだから、ただただ、あとは、ただ眠るだけのそんな時間をとってあげてほしいものです。

さて、出産の話を話したいのではないのです。

すべてのいのちは、女から産まれるのだとしたら、どんな聖人君子も、どんな悪人も女の腹から産まれます。その女の腹はあの世とつながる場所です。

すべての善悪を越えた命をつつみ込み、あの世とつながる場所が女の子宮です。その子宮をもつ女性が何よりも健やかに暮らせれば、世界は、平和になるしかないのです。その命を育む女の子宮が、幸せな場所だったら…、産まれてくる命は全部、幸せではないか？　と思うのです。

女のホルモンは、生理サイクルでホルモンバランスも、月の中で変化します。そのホルモンの影響で、女は自然の満ち欠けのリズムに近い、体内時計の流れを持っています。そのホルモンの影響で、女性はひと月に四つの人格の変化を持つと言われます。ひと月の中で、気分・体調が四回も変化するんです。

男性はその変化がないので、男性には理解することができません。

今までの歴史の中で、男性が社会システムを創り上げてきましたから、男性が創り上げてきたシステムに、はまらないといけないとがんばってきたのが、女性たちでした。すると、月のリズムを「理解できない」男たちに合わせなければいけない…。

また、男たちは、月の中で気分や体調が変化する女性をバカにしたのです。理解できないので揶揄《やゆ》したんです。もちろん、いまほど情報化が進んでいないので、間違った情報しか行き届かなかったのだけれど、「女性は、使えない」なんていう批判を生み出しました。

そして、女性も、そこに乗ってしまいました。「男に負けないように、男と同じように仕事をできないといけない」そんな風に、自分のカラダのリズム、それは自然なリズムを無視して、押さえつけて、仕事をしてきたのです。

女のリズムが、うっとうしくやっかいなものなら、そこにある、いのちのリズムも、やっかいなものになります。「そのリズムは、子宮があるから、女であるからつづられるものだから、やっかいな女でなければよかった」「女であるのは、損だ…」という風潮になりました。

すべての命の源である月のリズムが、無駄で無意味で、だめなものとして扱われたならば…。私たちは、何を、より所に生きていけばよいのでしょう? そこが原因で、いろいろな社会のひずみが起こっている…。そんな気がしてならないのです。

いのちを大切にするとは? 女が女の性とリズムを認め、男が男の性を認め、お互いの違いを尊重することこそ、いのちの尊さを尊重できます。性を大切にするとは、命を大切にすることなのです。

夫婦という区切りの中でもその風潮は持ち込まれていて、夫であること、妻であることが優先され、母であり、父であることが優先されます。そのまえに、女であること、そのまえにメスとしての動物的リズムがあること。このことを、すっかりなかったものとして過ごす社会が、このひずみを創っているのです。

もっと、いのちにやさしい社会を創るというのは、結局、この女のリズムを中心に、社会も生活も創られていけば…親子関係の自立もスムーズで、そうして母子癒着などなく、自分軸を形成することもでき、女性は女性として自然のリズムと共に大事に扱われ、社会の宝として尊重され、過ごすことができたなら…。男性と女性のパートナーシップももっと支え合い、分かち合い、違った形になっていくのではないか？　と思うのです。

姫婚ノススメのベースは、女を極める生き方です。
女の特性である、この自然のリズム、感情の起伏、すぐに変わる思考、快楽主義、好きと嫌いの切り分け、などなどを…、もっともっと大事にしながら女は生きていい。
そうやって、女が生きていける社会を創るために、男は、もっと強くあっていい。

女が語る夢を、共に現実化させるために、男は自分の力を使い、女の笑顔のために尽力をする…。その女は、自然のリズム、女のリズム、生活や安心などを守りつつ、男にいろいろな恩恵を与える。

いきいきと、女を極めた女の子宮は男たちに元気をあげることができます。そして、金運・人脈・情報の脈なども与えます。

また、男の腕の中で官能的に反応をしてあげるだけで、男は、とても自信を持つようになる。女が、本来の女を極めていくだけで、男は、男らしくなる。そして、愛し合う男女の間に育った子どもは、幸せな世界で、生きていけるに違いないのです。

自分の中の女を許していくこと。それは、つまり、お父さんとお母さんから自立していくことでもあり、社会的なしきたり、常識・ルールから卒業していくことであり、自分が、自分の人生の責任者になり、マスターになり、女帝であり、ルールである。

そうして、その王国の王を誰に決めるか？　は、あなたが、決めていくのです。

女の在り方を極めた女であり、共に、王国を創る男を選んでいくのはあなたなのです。

一緒にいて、楽しいと思える人と！

一緒にいて、わくわくする男と！

王国を大きくしていける男と！

女を極めるとは？　欲を極めるということ。また、自分の夢のために行動を重ねることなのです。

そして、世界を大切にし、次の世代を守っていくということなのです。

その3 自分に愛を相手に愛を。セックスでの方向性

姫婚を進めるにあたり、絶対に必要になってくるのが「成熟する」ということです。両親からの心理的卒業が必要です。いくら両親との仲が良好な関係でも同じで、両親の保護下から、抜けていくことが大事です。

両親の庇護《ひご》のもとに自分の生活がある。それは、子どもの立ち位置であるのです。もちろん、一時的に頼りにすることは悪いわけではないのですが、いつでも独立することができる。そして、いつでも一緒にいられる。そんなフレキシブルな関係性が、親との間に作られていれば問題はありません。

しかし、そうではなく、親が自分の生活をがっつり助けてくれていて、そこに精神的、金銭的な負担を親に担ってもらっている場合、自分が成熟していないのではないか？

と、疑ってみてほしいのです。そう、責めるのではなく、「疑う」って感覚です。そうして、一人で立つことを目指してください。

成熟する時には、セクシュアリティのエネルギーが必要です。そのセクシュアリティのエネルギーは、セックスで高めていくことができます。

もちろん、大好きな人とセックスできるといいのですが、経験としてのセックスを、できれば重ねることもオススメしています。

「なんと！　不謹慎な！！！」と、怒りが出る方もいるかもしれませんが、女性も男性も、本来の性のエネルギーのことを学び知れば、性エネルギーがどれほど人を成長させ、自分の軸を創るのに役に立つか分かると思います。

もちろん、セックスをするというのはそこにはリスクも責任も伴います。

予期せぬ、妊娠の危険もあります。性病を患う危険性も伴います。

だからこそ、相手との、コミュニケーションが必要になりますし、精神的な成熟が必要になります。

だからこそ、怖いと思いますし、逃げずに向き合うもの…。それがセックスなのです。

そして、セックスでの成熟を目指そうと思うと、当然、練習が必要になります。ですので、経験を重ねてみられることをオススメしています。

男女お互いが、いろいろなチャレンジを積み重ねていて、精神的な成熟も手に入れ、コミュニケーションも深くとれ、ケンカも平気でできて、そして、親ともしっかり分離↓自立できていて…。そんなプロセスのもと、初めての相手とめでたく結婚。そんなプロセスを否定しているのではありません。そんな関係性ならば、セックスも、十二分に二人で開発し、楽しみ、成長に役立てるのはたやすいと思います。

でも、そうではないケースがとても多いのです。


セックスというのは、「自分の自己嫌悪を相手に愛してもらう行為」でもあるとも言われます。自分が一番愛しにくい部分を、相手は愛してくれるのだとも言われます。自分が、自己嫌悪している部分は、相手にとっては、どうってことないことで、相手にとっては愛すべき特性かもしれないのです。自分がコンプレックスに思っている部分も、相手にはとても、チャーミングな魅力に見えることが多いのです。自分の内側をさらけ出しても、自分のだめなとこをさらけ出しても、相手は自分を愛してくれる。そんな深い愛と、そして信頼を学ぶ場所が本来のセックスなのです。

心を許しあう行為がセックスであり、相手を受け入れ、自分を受け入れる行為がセックスであり、そこには、自分が隠したいところ、嫌悪したいところ、自分の弱さ、受け入れがたいところなどが、たくさんたくさん浮き彫りにされ、見せつけられるのが、セックスでの場面なのです。

だから、一つ一つ超えていけば、怖れではなく、愛を選択できれば…。より深い愛への経験へとつながります。

姫婚をすすめるには、このセックスでのつながりありきで、成熟をしつづける二人であることが求められます。セックスのエネルギーがとても重要なのです。

相手を深く愛するとは？

自分自身を深く愛することと同じことなのです。

5

あなたには幸せになる価値がある

幸せって何だろう?

さて、いろいろな考え方やそれに至る原因について…。多くは、思い込みにより作られたもので、親子関係の関係性、考え方などの中から引き継いだものが多いということをお伝えしてきました。

また、その問題の多くは自分が「認識できていない」ことが多く、心の世界の不思議なところです。

心の世界には潜在意識と顕在意識との二つがあり、この二つの領域のさかい目には、アイデンティティーフィルターという壁があり、この壁があるので、なかなかアクセスができない…。そんな仕組みがあるのです。しかし、この「潜在意識」が、現実世界を創りだしています。

顕在意識で「結婚したい」と思っても、行動では結婚するための行動を取っていない場合があります。結婚するために誰かが「こうしてみたら？」と提案をしてみたとしても「いやー」「でもー」なんて、抵抗ある言葉を、自分が言ってたら、それは自分の潜在意識が抵抗をしているんだと思ってください。

その潜在意識の抵抗を超える時に、必ず出る感情があります。その感情とは「怖れ」と言う感情です。

今までの世界から、まったく新しい世界へ足を踏み入れることになるのですから、それは怖いです。

でも、多くの方が結婚だけではなく、夢というものに向かうときには、この怖れを超えていくことをしています。「安全な範囲」の外側にしか、幸せというものは、実はなくて…。幸せを「成幸」というように、幸せに「成る」ことなのですが、それは…、今までのパターンの外側にあるのです。今まで過ごしてきた安全な場所を越えてどれだけ冒険できたかによって、理想のパートナーに出会ったり、新たな道が開けるのです。

多くの人が、仕事の冒険も旅行での冒険もできるのに、パートナーシップでの冒険を怖れています。

誰かと出会うということは、もしかしたら傷つくかもしれないという危険をはらんでいます。今までの人生の中で、傷ついた経験があり、その経験を元に、人は未来を予測します。未来を予測する際、できれば傷つきたくない、できれば同じように痛い目に合わないようにという警戒された「何か」がはらむのです。

とてつもなく大きな幸せが、もたらされるかもしれないのに、その幸せに対して素直に心を開けずに「痛い目にあうかも？」という意識に侵食されて出会いのチャンスを逃してしまいます。

たとえば…、両親からの言いつけで…、

「男は、オオカミなんだから、気をつけなさい」という言葉を守り続けていたとして…、娘は30代後半になってしまった。娘は結婚したいと望んでいるのに、その言いつけは？娘の夢に対して役に立っていますか？　ということです。

「オオカミって何？」

「オオカミだとしたら何が悪いの？」

「それで、何が起こるの？　本当に、オオカミ？」

「オオカミの定義は？」

なんて疑うことをまずはやり、自分がそこへ踏み出すことを、怖れず、世界にチャレンジしないと道は開きません。


幸せっていったい何かを、自分で定義をしていくことがとても大事なのです。今までの傷ついた経験も超えて、両親の言いつけも超えて、今までやったことのないそんな経験を重ねてたくさんの情報収集をした上で自分の「定義」ができあがります。情報収集とは経験です。そして、自分が幸せだと思う状態というのは、人にとっては同じ幸せとは限りません。

また、幸せは状態や環境ではなく何をどう分かち合い、どんな経験を共に楽しむかではないかと思います。

いわばどんな風に生きたいかという、人生の哲学を一緒に創り上げていくのがパートナーシップ…、まさに**姫婚**の目指すところなのです。

まずは、自分が「幸せを感じる定義」を、創り上げてください。

たとえば、海外旅行に行くならどの国で、どの街で、どんな経験をしたいのか？　をしっかり情報を得てください。そして、プランニングするレベルまで自分で創り上げてください。

理想のお家は？　いろいろな住宅展示を見てまわり、どんな場所に住み、どんなインテリアでどんなものをそろえるかをイメージしてください。

もし自分が、こんな仕事をしながらこんな生活がしたいというなら…。それは、どんな生活でしょう。仕事をしているなら、こんな仕事をしながら、こんな風に生活を送る、また仕事をしないなら、専業主婦でこんな暮らしをしたい、その暮らしぶりはこんなので、その暮らしぶりに見合うために今、自分は何を手に入れるか？　を考えてみてほしいのです。

そこで、注意をすることは「よろこび」を中心に、その生活イメージを創れるかどうかです。子どもっぽい思考で創っていないかを自分へ問うてください。「楽をしたいから専業主婦」ではなくて、専業主婦の仕事が喜びだから、専業主婦になりたい！　という理念、ポリシーが自分にあるかどうかです。

楽をしたいから、「仕事をしたくないから、しんどい思いをしたくないから養って欲しい」では、「親の代わり」を求めているのであって一緒に歩くパートナーを求めているのではないのです。

それは自分の未熟さだと思って、今一度立ち戻り、もしもひとりで人生を送るならどんな人生なら幸せ？　を考えてもらいたいのです。往々にして、自分が子どもで、生活力がないことからの逃げだったり、子どもの時代の満たされない感情があるから、そこにとどまり続けたい…。そんな思考から、その場所から動きたくない、だから逃げたいという思考が働くのです。人生は、実は逃げるほどに苦しくなります。

姫婚は、常に向かうこと、逃げないことです。自分の幸せは、自分が創るものです。向かっていくこと、創造していくこと、その成熟度を、試されるものだと思ってください。自分が自分の人生の、主人公であり続けることなのです。

男も、女も「成熟」がテーマ

自分が自分の人生の主人公でありつづけることと書いてきましたが、そこに横たわるテーマが何かと言うと、「成熟」というキーワードが浮かび上がってきます。

この本の副題でもある「ママより幸せな結婚をする方法」というタイトルがついていますが、これを言い変えることができるなら、それはママよりも成熟するということなのです。

成熟するというのは、親の生活から離れて自分の世帯を持ち、そうして自分が自分の規律をつくり自分の幸せの形を創り上げて行くことなのです。しかし、歴史的な背景もあり、日本という国では、親の面倒を子どもが見ることは、「家」というしきたりの中で、決めごとや縛りのようになっています。

親が年老いた時には、心情的に「何らかの手助けをしたい」という子ども側の気持ちが先にあるのではなく、親の面倒をみるのが、子どもの勤めなどの観念・概念が、まだまだ多く残っているので…

もちろんそうではない、打破しようとする風潮も見えては来ているのだけれど、未だに結婚の条件として、「長男の嫁はイヤ」なんて風潮があります。そこにあるのは、「長男の嫁とはこんなもの」という観念、感覚があります。

多かれ少なかれ社会全体が、自立、成熟する方向ではなく、「誰かになんとかしてもらう」そういう観念が根底にあるのではないかと思うのです。もちろん困った時には、お互い様という思考は、当然あるべきものだと思います。

しかし、「自主自尊」を目指す以前に、誰かに依存し、自分で考えて、行動するということよりも、誰かの言うことや指示をよく聞くことが、美徳とされているのです。

それは、自分自身を置き去りに、誰かの指示を待つべきだという教育背景があるのではないかと、思うのです。

そして、本当の意味での「幸せ」というのは、ものすごく個人的なものだと思います。その個人的な「幸せ」に対してのこだわりは、とても薄くなってきているのではないか？　と思います。

その個人的な幸せを形にするのは、自分のセンス（感覚）がはっきり分かっていることでもあるし、自分自身の内側のセンスをしっかりと形にするために行動し、しっかりいろいろなことを、試すことだと思います。今まで教えられてきたことに対しての疑問を持ったり、試したりという経験から自分のセンスは磨かれていきます。

「何度も試す」それは、「失敗する」という経験でもありますし、失敗してもチャレンジを続けるという経験であります。

そして、失敗を通して経験してきたものを、失敗で終わらせず、「経験なのだ」と解釈を重ねていくことでもあります。

「失敗って、一体何だろう？」と、自分の経験してきたものや得てきたもの自体に疑問を持つことができた時に、その気付きは訪れます。

そして、あの苦しかった様々なできごとも、「ああ必要なことだった…」と、幸せになった時にやっと思えるようになります。

だからこそ、クライシスを迎える経験をどれだけ重ねるかが、成熟には必要になります。クライシスとは？　危機的状況のことであり、その危機的状況を超える経験が、人間としての成熟につながります。現代の子育て、社会の中では、いかに失敗をしないかが主な考え方になっていたり、リスクを管理することが大事だと言われたり、子どもがけがをしないように、失敗しないように、傷つかないように配慮する…。これが、過度になりすぎるのではないか？　と思います。

この風潮による過保護、過干渉の影響は、人としての成熟を遅らせる原因でもあると思えます。自分の人生の信念やポリシーを創るには、そこを超えた先にあるのです。

この本は、女性に対して「成熟していきましょう」というメッセージを綴っていますが、男性の成熟も、計ることが必要だと思っています。男性は女性よりも、実は成熟が遅れる傾向にあります。

母親という存在が、男の子にいつまでもかまい続けると…。母親の代わりを、妻に求めるなんて弊害が出てきます。「妻だけＥＤ」という言葉もありますが、その妻だけという背景にあるのは、成熟していない男性の心理を現しているのだと思います。妻に、母親の役割をやってもらい、そうして妻に、母親を投影してしまい、妻に対して、セクシーな気持ちを持てなくなったと相談を受けます。

最初は「妻だけＥＤ」なんて言葉は、とても言い得て、関心していたのですが、今ではなんだか、とてもさみしい気持ちになります。女性側の成熟の問題ももちろんありますし、自分の性を大事にしていない問題もあるでしょうが…。

でも、やっぱり突き詰めると、男性側の成熟の問題もあるのです。

私のブログなどの発信を観てくれていたり、我が協会の開催講座を受けてくれている女性の方々は、心の成熟も、カラダの成熟も、性を見つめることも努力されている方がたくさんいます。が、そんなみなさんのお話を聞く機会が多いと…、男性のみなさんももっと成熟しましょうと、つくづく思うのです。

多くの女性が、夫にセックスを拒否されると悩んでいて、ご相談がとても多いです。そして、傷つきつつも、それでも、改善のためがんばることをやめずにおられる方々が、非常に多いです。

女性は関係改善にがんばっている人がとても多い。男性もがんばっているのでしょうがズレている感じなのです。そこで、男性の成熟も、お願いしたいと思います。

実は心理的な図式でいうと…妻だけEDというのは、深層では…、

「ぼくの、お母さんになってください。ぼくの、お母さんの代わりに、ぼくの面倒を見てください　家事は（ぼくの世話）女の仕事でしょ？　なんなら、稼ぎの悪いぼくのために、パートに行って稼いでください　ぼくは、稼げないから（会社が悪いのでとか言う）お願いしますね」と…まったくもって、ぜんぜん、子どものままで、妻を母親代わりとしか思っていないような、あまったれた心の内を抱えている男性もよくいます。そのパートナーは妻、家事をやり、子育てをやり、そうして、パートまでいき、必死でやってるわけです。（まぁーそのぼっちゃんに、力を与えたのは、間違ったつくし方で、「お母さん役」をやっちゃった、奥さまなんですが）その上で、「妻だけＥＤ」ってね…なんだかとても悲しいなと思うのです。

もちろん関係性は、共同創造なので、奥さまもその状況を創ってしまったのですが、

男性側は妻にお母さんになってもらっておきながら、妻が母に見えて、母とはセックスできないっと、「どの口が言うねん」と思います。

いわば、その夫側が、妻を輝かしいセクシーな女にできず、忙殺されて心にゆとりのない、ヒステリックな女になることに加担したのです。

そして、どちらもが成熟してない度合いだけ、「精神的な境界線」というものが曖昧で、現実を見つめることができないし、自分を客観視することができませんので、妻と母を一緒にして、妻に母を投影しちゃうのです。

もちろん女性の方も、そこに引き合うことをやっているので「この人は、私がいないと！」「もうどうしようもない人ね！」など「共依存」と言われる状況を作ります。

男性のみなさんも妻を「成熟したいい女」に育ててみる！　そんな力量のある男になってほしいのです。そして、その鍵を握るのも、やっぱりセックスです。

男性は耳が痛むでしょうが…あなたのセックスが自分本位だから、妻が枯れるです。妻がセクシーでなくなるのは、あなたの愛撫が気持ちよくないからです。そしてあなたが心を開かせてくれないからです。あなたが、しょぼい男だからです。痛いことですが、この現実に直面し、「そうだ」とＯＫを出せる分だけ、成熟への道を歩けるのです。

妻は、旦那様の作品です（反対に旦那さんは妻の作品です）。その作品を愛でることができないのは、あなたが選んだ「最高の人」を愛せないということは、自分が自分のことを否定しているのと同じなのです。「妻をいきいきさせるゲーム」に取り組んでみてください。政治を語る前に、仕事を語る前に、目の前の妻を笑顔にしなければなりません。

男性のみなさま、あなたの妻を、あなたの面倒をみるためのお母さんの座から、下ろしてあげてください。妻という自分の女を、輝く女に仕立てていきましょう。そして女性のみなさまは、まず、自分の成熟の道を歩んでください。まず進むのは女性側からです。

パートナーシップのリーダーは、女性だからです。

まず、女性が成熟していくのです。

女が成熟の道を歩きだすと男性に対して「成熟していないおこちゃまな人は、いらない」と言えるくらいの芯を持つことになるでしょう。「この人は、いいところもあるんです」と、男性を甘やかすことこそ、あなたが成熟できていない証拠だし、男性の母親役をやっている証です。そして男性をダメにするのです。女は、とっとと成熟の道を歩いて「ついてこれないなら　あんた要らない、　役に立たない足かせ男は要らない」と言えるほどの精神的な成熟度を手にしていけるといいのです。

そんな風に、女性がしっかりと生きていける社会を創ることも大切なことです。女性側も成熟を果たし、みんなで仕事をして分かち合い、子どもをみんなで育てる社会を創り上げればいいのです。

男性に依存せず、一緒にいたくないのに、経済的理由などで我慢を強いられる選択だけではなく、いろいろな選択ができる社会になればいいと思います。

女性も男性も、成熟したものがこれからの社会には必要になります。

人生は自己責任。その自己責任とは、何にかかるかというと…。

自分が幸せになることへの責任なのです。たとえどんな辛いことがあったとしても、それが幸せにならない理由にはならないのです。

だって、人間は幸せになるために産まれてきたのですから。地球上のどんな動物でも、そうなのですが…

成熟していないものは、生き残ることができないのです。だからまずは、女性が成熟すること。自分の理念・ポリシー哲学を持って生きていきましょう。

本当の親孝行

日本では、親孝行が美徳だといわれます。

それを否定はしませんが、いったい「親孝行とは何か?」考えてみた時に「親を喜ばせること」と、多くの方が答えると思うんです。

当然、私も昔はそう思っていました。今も一部ではそう思っています。

でも、当時の私が思っていた親孝行とは?「親の期待に応えること」だったのです。


親の喜ぶだろう人生を生きることが、親孝行だと、思い込んでいました。「親が喜ぶ生き方で」「親が喜ぶ人と付き合って」「親が喜ぶ人と結婚をして」「親が喜ぶ結婚生活を営んで」「親が喜ぶように子どもを産んで」「親が喜ぶ仕事をする」

なんだか…全部を親のために選択していました。そして、そのことに一つの疑いも持たずに、大きくなってきました。

そして私は、自分が何者なのか？　分からなくなりました。

親は喜んでくれる…。でも私は、全然幸せではないのです。

親に認めてもらうためにがんばりぬいた…でも私は、何のために生きているのか？が分からなくなっていました。幸せになるために、いろいろなことをがんばってきたはずなのに、どんどん苦しくなっていきました。一体、私は何のために生きているのだろう…。苦しくて苦しくて仕方がない…。そんな毎日でした。

いろいろな勉強を始めて、心理の勉強にたどりつきました。

「どうしたら人は幸せになることができるのか?」が私の人生の命題になりました。

その模索の毎日の中でいろいろなことにチャレンジしていきました。そして、「私」が「こう思う」をつかめるようになり、少しずつ、親の影響で動いている自分自身に気が付くことになりました。

結婚もして、子どももいるのに…、と避けてきていた様々なことにチャレンジしたのです。

そして、自分が幸せになることについてのこだわりが増していきました。離婚をし、シングルマザーになって、職を転々とし、借金問題などいろいろな苦しみを経験しました。

でもずっと、親孝行をしたいと思い続けていたのだけど、その親の期待に応えることができないどころか…、親に心配をかける自分を責め続けてもいました。「パパ、ママごめんなさい。こんな、自分勝手、好き勝手をしている娘を許してくださ い」と心の中で自分を責めていたように思います。そんな中、自分自身もカウンセラーとして立っていくことを決意し、学びの日々の中、師匠に教えてもらったことがあるのです。

それは「親孝行をしたいなら、あなたが幸せになることですよ」と言われたことでした。

最初は、ものすごくショックを受けました。今までの自分とは、真逆の考え方のように思えたからです。「親孝行とは、親の期待に応えること」ではなく、「私自身が幸せになること…」それがどういうことなのか分からなかったのです。

たとえ話として師匠がこんなことを言ってくれました。「あなたの子どもが結婚をして、その式であなたにありがとうの手紙を読んでくれます、幸せそうな子どもの笑顔を見てあなたはどんな気持ちですか」

私は「うれしくて仕方がないと思います」と答えたのです。すると「あなたのご両親も、きっと同じ気持ちですよ」と、話してくれたのです。

まさに！　そうだと思えました。

幸せなることは、最大の親孝行だったと、そして幸せになることは、親の言いなりになるのではなく、子どもは、自立し成熟するためには、一度徹底的に親を嫌うことをしないといけないと教わったのです。

私は、親の言いつけを、ことごとく破る悪い娘だと自分で自分を責め続けながらも、自分にこだわり、いろいろなことを試してきた数年を思い返しました。そして救われた気分になったのです。

親を嫌うことは、幸せになるために、必ず必要なプロセスだったのだと…、自分で自分を抱きしめてやることが、やっとできたのです。

私が、自分の子どもたちに「幸せになってほしい、自分の人生を歩いてほしい、笑っていてほしい、どんな困難にも負けずに幸せを勝ち取れる人であってほしい」と望むのと同じほど、私も実は、両親に愛されていたのではないか？　と思えたのです。子どもが親よりも幸せになること、その幸せの形は両親と違っていていいのです。

だって両親と私は、違う人間だから…、両親の幸せと、私の幸せは、まったく違って良いのです。そして私が幸せなら、どれだけ両親の価値観との間にズレがあったとしてもいつかは、分かってくれる…。そう信頼することもでき、まさにその通りになったのです。いっときは、連絡も絶つほど険悪だった母とは、ふたたび連絡を取りあいました。

母は私にとって今では、すっかり守るべき「かわいらしいおばあちゃん」になっています。

多くのお客様のプロセスを見せていただいてもそうでした。

まずは子どもの側が親の価値観を超えていく、どんなに反対されても曲げずに進み、笑顔を持ち続け、チャレンジし続けていればよいのです。

逆説的なのですが、親のことを考えずに、行動すればするほどに、自分の幸せへの道は開かれていくものなのです。

親を超えて幸せになる、その道をしっかり歩くことを決めるプロセスの中で、痛い思いをすることもあります。紆余曲折することもあるでしょう。それでもあきらめず、自分の幸せにこだわり続けた先に見えてくるものは必ずあるのです。

自分の王国を創造する

自分が成熟した女性になり、自分自身を選んだ男性と成熟への道を歩いていくとは、お互いの違いを許し合い・分かち合えることです。

違っていてちょうどよい、違うけどお互いを尊重できる、そんな状態でコミュニケーションを持てるということなのです。どちらかが成長したら反対側も成長をしたいと望む、どちらも成熟の「らせん階段」を一緒に登っていくようなそんなプロセスになります。

そして成熟したカップルは、自分たちのルールを二人の中で作り出すことができ、二人で自分たちの王国を作って行くことができるのです。

その二人で作る王国というのは、お互いがそれぞれ成熟している必要があり、それぞれが十二分に、「自分の王国を作れる」そんな力量があることが大切です。お互い別々に生活できるのだけど、一緒に創り上げていく王国の方がもっともっとワクワクするし、もっともっと広がるだろうと思えること、自分たちを中心にした広がる世界を見たいと思えるのが成熟した夫婦です。

そしてその輪は、社会に拡がり、「あんな夫婦みたいになりたい」まわりにそんな影響力さえ持つようになるのです。

夫婦が成熟している状態とは、二人の間にコミュニケーションの状態の「すべてがある」とも言い換えることができます。

セックスもコミュニケーションです。

この深いコミュニケーションを持ち、ネガティブコミュニケーションまでできれば、大きなケンカもすることができるし、お互いを信頼をして、次の成長のステップへ歩めるのが成熟した夫婦です。お互いがお互いのチャレンジを応援し、チャレンジすることに喜びを感じ、相手の成功を心から喜び合い、一緒に成功の喜びを何倍にもすることができる、そんな夫婦を目指したいし、そんな夫婦、いっぱいいの！　社会になるといいなと思います。

「姫婚ノススメ」とは、成熟した夫婦への道です。

ママたちにはためし得なかった幸せの形を自分たちが創り上げ、そしてその渦《うず》に両親も巻き込んでしまう、父と母に「こんな形もあるんだね」と両親の成長を自分たちの背中で促せる、そんな形であるのです。

成熟した夫婦が子どもを産み、成熟したあり方で子どもたちに接することができれば、子どもたちはさらに成熟し、クリエイティビティ（創造性）あふれる未来を創りだして行くことになるのでしょう。どんな困難にも、二人で手を取り合い、平和と信頼と安心感を楽しみながら、人生を歩くコツ、子どもや孫たちへ伝えていける、まさにそれが**自分たちの王国**を創るということなのです。

「お互い、違っていい」その「違っていい」が平和を連れてきます。対話により、多くのみんなが幸せになっていきます。そこへの道、まずはあなたから「幸せへ向かいたい！」という熱意・意図から始めていきましょう。自分の人生をあきらめない！

あなたの人生を創り出すのは、あなたしかいないのですから。

今日からあなたは魔法使いであり、そしてあなたの王国の女王です。

どうぞ、王国を創り上げることを、わくわくしながら始めてくださいね。

あなただからこそ、あなたにしか創れない王国を創ることができるのですから。

あとがき

「みっちさん、本を出版してください」と言われ続けてきた、この五年ほどでした。

電子書籍での出版は、すでに果たしているのですが、「本屋さんに並ぶ本が読みたい」

そう言ってくださるファンのみなさまからの声が後を絶ちませんでした。本当にありがたいです。

しかし、そこには私は超えねばならない心の壁も同時に持っていました。

幼少のころから、自分自身に自信がなく育ってきたので、「私の作品など、価値があるはずがない！」そんな、根深い思い込みをずっと抱えていました。

「出版をしたい、サイン会をしたい」

そう言い続けていた私の心の内側では裏腹に、自分自身の作品が、世の中に出て行くことの怖さを払拭できずにいたのです。

誰にも知られずにひっそりと、実は非常に葛藤をしながらの日々を送っていたのでした。

自分自身に対しての、自信のなさと、「出版をしたい」と言う情熱。この二つの間を行ったり来たりしていた数年でした。

そして、遂に情熱の方が勝つ！　そんな日が、来たのでした。

これもひとえに、ブログを読んでいただき、応援してくださり、コメントメッセージなどで、「本を出してください」と言い続けてくれたファンのみなさまのおかげです。

私に、勇気を与えてくれて、本当にありがとうございました。

また、ずっとずっと一緒に歩いてきてくれたビジネスパートナーであり、人生のパートナーでもある、かげした真由子ちゃんは、「ずっとずっと、みっちは世に出て行く人なのだから」と、私の才能を信じて疑わず、励まし続け、弱気になる私を笑い飛ばし続けてくれました。出版の原稿が書けるようにと、仕事のいろいろな工面をしてくれました。本当にありがとう。彼女はずっとずっと本当に大好きで、かけがえのない存在だと思うのです。

これからもきっと、いろいろな物ごとを一緒に遊びつくしていくのだろうと思います。

そして、事務局スタッフのみなさまが支えてくれました。こんなにも何もできない私が、大志を抱き、協会の運営なんて大それたことを成し遂げることができるのも、彼女たちがいてくれるからです。そして、私は、私で居続けることができます。本当に、いつもありがとうございます。

そして、いつもいつもいつもいつも、私の生活の面倒の全般をしっかりサポートしてくれる旦那様。感謝してもしきれないです。あなたと出逢えて本当によかったです。

なんとも、こんなに困った、変わった嫁の面倒を見る毎日を、いやがりもせずに、私の夢が自分の夢だと、いつも支えてくれています。

彼が、「みっちゃんの笑顔が僕の夢」と言い切ってくれて、そして、まさにその通りの毎日の中で過ごさせてもらえて感謝ばかりです。本当にありがとう。

この本に書かれていることは、旦那さんとの実体験の毎日があって、心理の知恵を検証できる場があればこそ、この本ができました。あなたがいなかったら、今の私はありません。共に、歩んでくれて本当にありがとう。これからもよろしくね！

仕事のサポートで、いつも支えてくださっている、宇野さんを始め、PLA株式会社のスタッフのみなさま方、また、JSTAの認定トレーナーのみなさま、受講生のみんな、本当に愛しています！　この場を借りて心からありがとう。

また、お母さん、お父さん、あなたたちの元に産まれて心からよかった。そう思える人生になったこと。歩けること、幸せでなりません。心からありがとう。


最後に、「みっちさんの自由に書いてください」と、私の思いをそのままに本にしてくださった、ポエムピースのマツザキヨシユキ社長、大阪支社長で編集の田中英子さん、共に丁寧に作品作りをしてくださり、本当にありがとうございました。

みなさまにどれだけ励まされたか分かりません。
心から感謝します。
そしてこの本を手にし、読んでくださったあなたへ。
この本には魔法をかけました。残念ですが、あなたは幸せになってしまいます。

どうぞみなさまが、成熟した夫婦としての道を歩かれますように。**姫婚**がどんどん進む社会となり、子どもたち・孫たちの世代が、もっともっと良い世界に過ごせるように、祈りをこめて、お届けします。

愛と平和を込めて…

二〇一六年初秋　田中みっち

田中みっち

一般社団法人日本性愛セラピスト協会代表理事
性愛マスタートレーナー・心理セラピスト

1967年大阪に生まれ（三姉妹の長女）、二児の母（二人とも独立）。機能不全の家庭に育ち、ハードな子ども時代を過ごす。家庭を卒業するために20代前半で結婚。その後、離婚を経験。保育士など数多くの職歴を持つ。


2004年よりプロカウンセラーとして活動を開始。

2009年独立。現在カウンセリング実績7000名を超える。

これまでの社会ではタブー感のあった「セックス」「性愛」と向き合うことをサポートすることにより、悩みから解放されたクライアント、受講生を数多く持つ。

また、著者自身が13年のシングルマザー歴の中で、「結婚したい自分」「できない自分」とも向き合い続け、たどり着いた解決へのキーワードは「性愛」「セックス」だった。

2012年に現在の夫と幸せな再婚を果たし、2014年12月22日、一般社団法人日本性愛セラピスト協会設立に至る。


性愛、パートナーシップ、結婚の悩みサポートにかけては右に出る者はいないセラピストとして、人材を育てるトレーナーとしても全国で活躍中。

田中みっちブログ
http://micchiblog.jsta.biz/

田中みっち　メルマガ
http://mailmaga1.jsta.biz/

田中みっちへのお問い合わせ
社）日本性愛セラピスト協会
http://www.jsta.biz

姫婚《ひめこん》ノススメ
～ママより幸《しあわ》せな結婚《けっこん》をする方法《ほうほう》～

2016年10月1日　初版第1刷
10月25日　第2版（第5刷）

著　者　田中みっち
発行人　マツザキヨシユキ
編　集　田中英子（大阪支社）
発　行　ポエムピース
東京都杉並区高円寺南4-26-5 YSビル3F
〒166-0003
TEL03-5913-9172 FAX03-5913-8011
表紙画　オカダミカ
装　幀　堀川さゆり
印刷・製本　株式会社上野印刷所
落丁・乱丁本は弊社宛にお送りください。
送料弊社負担でお取り替えいたします。

ISBN978-4-908827-06-8 C5095